LES TERRES DE DÉCEMBRE

Voyage en Patagonie chilienne

DU MÊME AUTEUR

Aux Editions Vilo
Enfants d'un monde sans frontières, 1989
(avec le photographe Jean-Marc Durou)

Illustration de couverture : Pierre Josse

Olivier Page

LES TERRES DE DÉCEMBRE

Voyage en Patagonie chilienne

Lucien Souny

Editions Lucien Souny, 2007
Le Puy Fraud • 87260 Saint-Paul

A mes parents,
qui m'ont donné le goût de l'ailleurs et des autres,
A ma femme Nostalgie, à mes enfants Vincent et Joséphine

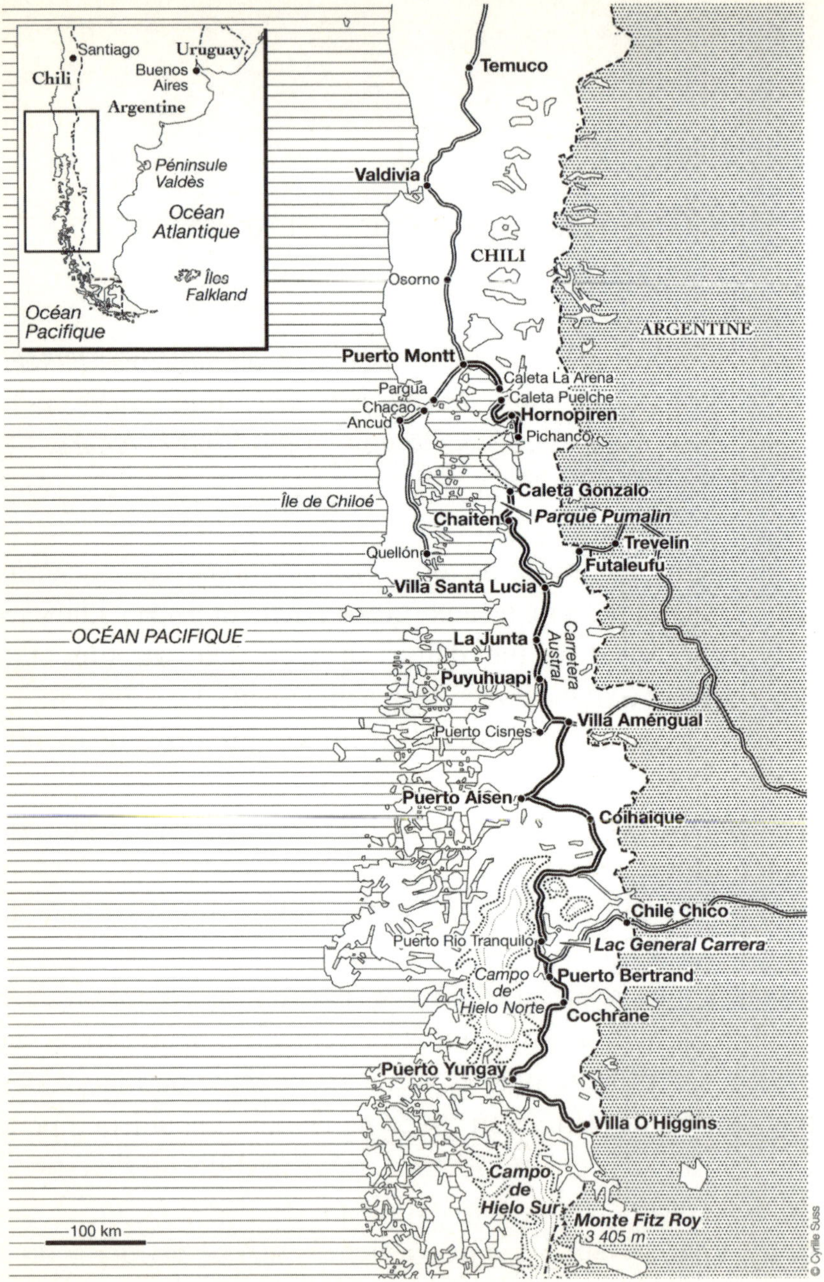

Santiago
Uruguay
Chili
Buenos Aires
Argentine
Péninsule Valdès
Océan Atlantique
Îles Falkland
Océan Pacifique
Temuco
Valdivia
CHILI
Osorno
ARGENTINE
Puerto Montt
Caleta La Arena
Pargua
Caleta Puelche
Chacao
Hornopiren
Ancud
Pichanco
Caleta Gonzalo
Île de Chiloé
Chaiten
Parque Pumalin
Trevelin
Quellón
Futaleufu
Villa Santa Lucia
OCÉAN PACIFIQUE
La Junta
Carretera Austral
Puyuhuapi
Villa Améngual
Puerto Cisnes
Puerto Aisen
Coihaique
Chile Chico
Puerto Rio Tranquilo
Lac General Carrera
Campo de Hielo Norte
Puerto Bertrand
Cochrane
Puerto Yungay
Villa O'Higgins
Campo de Hielo Sur
Monte Fitz Roy
3 405 m
100 km
© Cyrille Suss

I

LES SORTILÈGES DE L'ARAUCANIE

Toutes les routes sont longues
qui mènent vers ce que le cœur désire.
Joseph Conrad, *La Ligne d'ombre*

La petite fille porte de longs cheveux noirs, qui encadrent son visage à la peau mate, aux yeux légèrement bridés. Elle serre une poupée et trottine dans l'allée centrale du bus. Elle crie *Viva el Cambio!* Vive le Changement! Le Chili est en période électorale. Des cohortes de nuages en forme de barbe à papa et de château d'eau déversent leur pluie sur la terre d'Araucanie. Les gouttes d'eau forment de longues et fines lames, froides, translucides, qui tambourinent sur les vitres du bus. Le bus qui file à vive allure sur la route panaméricaine du sud si droite, trop droite sur des centaines de kilomètres. Secoué par les rafales du vent austral, l'autocar avance plus à la façon d'un hydroglisseur que d'un véhicule à quatre roues. Le paysage est plat, mouillé et très vert, ponctué de maisons en bois coiffées de toitures en zinc. Des champs s'étendent à perte de vue, marqués de rares bosquets d'eucalyptus ou de rangées de saules pleureurs qui donnent quand même vie à cette monotonie. Des chevaux solitaires, la tête penchée vers des touffes d'herbes, attendent. Des chemins de traverse semblent mener nulle part, et pourtant ils conduisent à d'immenses *estancias,* le nom des domaines agricoles en Amérique du Sud. Les bâtiments principaux des fermes sont si éloignés qu'il est impossible de les voir de la route. De temps en temps, sous l'effet du vent austral, venu de l'océan Pacifique tout proche, la masse obscure des nuages peut s'ouvrir et une traînée bleue illumine la grisaille pluvieuse. La gamine joyeuse a rejoint sa mère. Pour passer le temps, j'essaie de comprendre la grammaire, le sens des messages publicitaires plantés sur les bas-côtés.

Estamos comprometido con la tierra : Nous avons un engagement avec la terre (une pub pour les tracteurs). *Toyota, lider de confianza* : Toyota, un leader de confiance. *Salami, la qualitad esta a la vista* : Salami, la qualité se voit au premier coup d'œil. *Queremos que usted viva* : Nous voulons que vous viviez. *Nada esta demasiado lejos* : Rien n'est trop loin.

Force de l'inutile, puissance du futile ! Commerce ! Je me sens touché par le contenu de ces phrases lapidaires conçues par d'habiles manieurs de mots. Par leurs débordements à la fois mercantiles et bienveillants, les bords de la route panaméricaine, entre Temuco et Puerto Montt, occupent mon attention. Lire, noter et chercher un sens caché à cette théorie de slogans, voilà bien une manière de se distraire quand on voyage en autocar. Comme il arrive aux prisonniers de compter les heures et les jours de l'ennui. Voyageur solitaire sur une route interminable, l'esprit se fixe sur des choses sans valeur. A force d'être observées, elles peuvent le cas échéant prendre une toute autre signification.

Je descends vers le grand Sud chilien, la Patagonie et les terres australes. Aller de Santiago en Patagonie australe n'est pas une simple affaire de géographie, cela consiste à franchir plusieurs parallèles. Pour des Européens, aller vers le nord, « monter » vers le cap Nord et les ultimes confins de la Norvège, revient à passer sous les fourches caudines du refroidissement climatique. Au Chili, tout est inversé. Le sud devient synonyme de vent, de pluie, de froid, tandis que le nord c'est le soleil, le chaud, le sec. Il faut s'y faire. Prendre la route du grand Sud chilien qui traverse la frontière de l'Araucanie, celle des Indiens mapuches, puis suivre la Carretera Austral, la route caillouteuse qui traverse en zigzag la Patagonie chilienne sur près de 1 200 km du nord au sud et cheminer ainsi comme un oiseau migrateur vers le bout du monde. Tel est alors l'objectif de mon périple.

Victor Segalen a écrit de la Chine qu'elle est d'abord un « voyage au fond de la connaissance de soi ». Je ne voyage pas en Chine, mais au Chili. Les deux mots commencent curieusement par la même syllabe. Retrouver quelque chose comme la jeunesse du monde tel qu'il fut au lendemain de sa création et pour cause : je n'étais pas né au moment du *big bang*. Sentir la force sublime du vent austral qui s'engouffre dans les fjords andins, observer les nuages et les brumes montant à l'assaut des montagnes couvertes de forêts sombres et pluvieuses, percevoir l'inquiétante étrangeté des glaciers bleus sombrant avec un grand fracas dans les eaux froides des innombrables canaux patagoniens. Je pourrais énumérer ainsi les raisons sentimentales et pratiques qui m'ont poussé à quitter mon domicile parisien, à traverser la moitié de la terre pour venir jusqu'ici. Un tel désir de Patagonie était-il normal ? Faut-il d'ailleurs se justifier ? Justifier les rêves de l'enfance.

Je voulais peut-être revoir les grands espaces et les horizons en fuite des paysages du grand Sud des livres de géographie de ma vie de petit écolier. Entendre ces histoires de forestiers, de gardiens de troupeaux, de marins et d'aventuriers, vérifier ces contes à dormir debout sur les pionniers et les colons, en savoir plus sur le destin de ces kyrielles de solitaires et de solidaires rendus meilleurs (ou devenus fous), laminés ou exaltés par l'implacable solitude australe. Dans les histoires de Francisco Coloane, j'avais découvert des êtres vivant à la limite de la raison, habitant des paysages magnifiques mais désolés, des existences dures et âpres, des histoires étonnantes inspirées de la réalité qui dépassaient la fiction. Je ne le savais pas encore, mais il me semblait qu'en allant débusquer les dieux et les démons de la Patagonie, j'allais remonter dans le temps, explorer une nouvelle façon d'être de l'esprit humain. L'idée de rencontrer Francisco Coloane, écrivain chilien, ce « Jack London » de l'Amérique latine, se concrétisa au fil de la lecture de ses livres. Réminiscence cela aussi de mes lectures d'enfance? J'ai conservé cette idée de la nature à l'image d'un temple vivant, fermé aux profanes, et où l'on ne pénètre qu'après avoir abandonné sur son seuil la lourde armada de l'orgueil et de la vanité. Est-il concevable de frapper à la porte de l'Eden (un paradis aujourd'hui menacé par des méga-projets aussi dangereux que polluants) sans en avoir informé le gardien suprême? Sans être initié? Est-il possible de passer le seuil de la Patagonie sans avoir été « adoubé » par l'enchanteur qui en gardait la voie d'accès? Avant de m'embarquer vers le grand Sud chilien, j'ai rendu visite à Francisco Coloane à son domicile de Santiago du Chili, au 666 calle Miraflores.

Le Phœnix du 666 Miraflores

Je l'ai vu et, une heure durant, j'ai eu l'impression d'être dans une B.D. de Corto Maltese. Un grand front qui a reçu des années d'embruns, un nez aquilin dans un long visage fin et buriné, des yeux enfoncés, sombres, brillants, absorbés par des songes hors d'âge. Il a le regard d'un capitaine de navire qui vient d'être arraché à l'étude des cartes marines par la visite d'un importun. Ses longs cheveux blancs ondulent comme des ailes, à la façon des poètes romantiques. En me serrant la main, il me lance d'un ton étonné : « Qu'est-ce que vous lui voulez à ma Patagonie ? »

Francisco Coloane tient à la fois du forban et de l'intellectuel, du flibustier et du gentleman. Quelque chose en lui fait songer à un vieux loup de mer transfiguré, sauvé de la déchéance de la vie à terre par la création artistique. Un Achab qui a compris la baleine. Il aurait pu être un personnage de Dostoïevski, un possédé, mais un possédé génial et bienveillant. Aussi bien n'est-il que la réincarnation d'un chevalier errant inventé par Cervantès. Si Coloane était un animal, il aurait été un oiseau des grandes mers, probablement un albatros et capable de voler pendant des mois au-dessus des océans sans se poser. Personnage antique, il aurait enchanté Ulysse. Il ne lui manque plus que le trident pour être un Poséidon latin. Et pourtant, du temps des conquistadores, cet homme aurait préféré la plume d'un chroniqueur à la poudre des arquebuses. Sa vraie nature ? Derrière son univers romanesque impitoyable, se cache un poète splendide, une plume d'aventurier unique.

Au fil de la conversation, il ne s'attarde guère. Il semble scruter un point lointain à l'horizon. Entend-il la rumeur du

Pacifique ? Songe-t-il à Chiloé, son île natale peuplée de légendes merveilleuses et terribles ? Il voit mal et entend mal. Sa vue et son ouïe le font souffrir et l'empêchent de soutenir plus d'une heure d'entretien. Pourtant, il avait trouvé suffisamment de force et d'enthousiasme pour faire le voyage de Saint-Malo, l'année précédente, où se tenait une grande rencontre d'écrivains voyageurs. Désormais incapable de lire ou d'écrire, il pense et passe le meilleur de son temps à écouter de la musique. Le vieil oiseau patagon vit dans un monde détaché des réalités d'ici-bas. Et Eliana, son ange gardien, veille à écourter les visites pour ménager sa fatigue.

Il est né en 1910 sur l'île de Chiloé. Après des années de lycée à Punta Arenas, la dernière ville du Chili austral avant la fin du continent sud-américain, le jeune Coloane a accompli ses obligations militaires, puis, revenu dans le civil, il devient berger dans une *estancia* en Terre de Feu. Mais voilà, le Chilote préfère l'écume des vagues à la laine des moutons, même si parfois la première évoque poétiquement la seconde. Il a navigué comme gabier à bord de la corvette *General Baquedano,* voilier école de la Marine chilienne, une « cathédrale flottante » comme ces bateaux « ailés » des romans de Conrad. Son séjour sur le trois-mâts tendu de dizaines de voiles a été décisif dans son éveil au monde et, mieux encore, à la littérature. Passionné par la mer, envoûté par les eaux sombres de la Patagonie australe, il embarque sur une baleinière. C'était déjà le métier de son père. Tel Hemingway, qui a rangé son fusil au magasin des accessoires quand la chasse aux grands fauves a été interdite en Afrique de l'Est, Francisco Coloane est devenu un défenseur acharné des baleines. Protée, aussi à l'aise sur mer que sur terre, il a commandé des expéditions de prospection pétrolière, a exploré le continent antarctique, navigué sur les innombrables canaux patagoniens, et participé à de nombreux sauvetages de navires en péril. Comme Joseph Conrad, qui pourrait être un de ses modèles, le jeune marin Francisco Coloane, chrysalide née de l'aventure, s'est métamorphosé en artiste à l'âge adulte. Le gardien de troupeaux s'est transformé en gardien des mots. Il publie d'abord des histoires graves et réalistes, que la critique littéraire, à l'affût de fins heureuses, accueille plutôt froidement. N'est-il pas un marin plus qu'un écrivain ? Un aventurier du Pacifique plus qu'un artiste ?

En 1941, il publie *Le Dernier mousse* et des recueils de nouvelles, comme *Cap Horn* et *Antartida*. S'inspirant de sa vie nomade et des années de vie solitaire en Terre de Feu, il écrit un livre de contes, *Le Golfe des Peines* et un roman, *Tierra del Fuego*. Il y raconte les malheurs des Indiens de la Terre de Feu, des hommes et des femmes qu'il a toujours considérés comme ses proches, ses semblables. Ne dit-on pas que Coloane a des origines indiennes par son père ? Cette compassion pour les peuples « autochtones » – les Tehuelches, les Yaghans, les Onas et les Alakalufs – de l'extrême sud du continent viendrait-elle de cette ascendance probable ? Son compatriote Luis Sepulveda considère Coloane comme le plus grand écrivain chilien, et il n'est pas le seul.

Sur la table basse du salon de l'appartement de Coloane, de nombreux coquillages évoquent ses années patagoniennes. Je remarque un pingouin empaillé posé sur un meuble garni de livres.

J'ose une question encore.

— D'où vient cet animal ?

— C'est un souvenir du sud qui symbolise la poésie et la

beauté. Pablo Neruda a écrit à propos de ce pingouin quelque chose de très émouvant : *Yo soy un gusano en la arena y admiro tu orguillo.* Je suis un ver de terre dans le sable et j'admire ta majesté.

— Vous avez bien connu Neruda ?

A-t-il mal entendu ma question ou élude-t-il ? Coloane se lève et se dirige vers un piano situé dans un coin du salon. Il joue quelques notes d'une manière discordante, comme dans un élan ultime.

— Je joue pour Pablo.

Il se tourne alors vers un portrait de Neruda, réalisé au fusain, accroché à l'entrée de la pièce. Le fixant à quelques mètres de distance, l'écrivain semble être absorbé par les pouvoirs invisibles de la machine à remonter le temps.

— Un artiste russe nous avait proposé de réaliser un portrait de Pablo et de moi, tous les deux ensemble. Le Russe était bien alcoolisé. J'ai refusé. Pablo, lui, ne s'offusquait de rien, il accepta et emporta le fusain. Bien des années plus tard, alors que j'avais oublié l'existence de cette œuvre, Pablo m'en reparla et, à ma grande surprise, il m'en fit cadeau.

Au-dessus du piano, un chevalet en bois porte un autre souvenir de son ami poète. Une gravure représente un cétacé portant la signature de Neruda : Paris (1972) - Isla Negra. Aucune date ne figure sous le mot Isla Negra, qui fut la dernière résidence du poète au bord de l'océan Pacifique. Eliana s'approche et précise.

— Pour Francisco et moi, cette absence de date nous a toujours paru étrange. Pablo était ambassadeur à Paris en 1972 quand il nous a fait cadeau de cette gravure. Selon l'usage chez les artistes, il aurait dû indiquer une deuxième date. Nous avons pensé qu'il avait eu comme un pressentiment du dénouement final de son existence. Comme vous le savez, Pablo Neruda est mort pendant le coup d'Etat organisé par Pinochet, en septembre 1973, quelques jours après la fin tragique de son ami Salvador Allende.

Eliana hésite un instant et se reprend.

— Pablo est mort… ou ils l'ont tué.

Il y eut un silence.

Francisco Coloane marche à pas lents dans le salon. Mes questions l'ont replongé dans ses souvenirs. Il saisit une pierre patinée et sombre. Et je pense à cette phrase de Borgès : « La littérature n'est pas qu'une affaire de mots. »

— C'est l'objet qui m'est le plus cher. Une pierre de Chiloé incrustée de nombreuses traces de coquillages marins fossilisés, des *caracoles*. Je l'aime parce qu'elle me rappelle les hiéroglyphes égyptiens. Et cette maquette de bateau, là. Je l'aime aussi car elle a été réalisée par des bagnards.

En suivant à petits pas le grand Patagon Coloane dans son dernier poste de pilotage, le 666 Miraflores, je décide d'oublier les habituelles questions journalistiques : qu'attendez-vous de la littérature chilienne ? Ou encore : le réel que vous décrivez est devenu fou, mais votre style reste classique, est-ce volontaire ? La réalité n'est-elle pas plus importante que la fiction dans votre œuvre ?

Je m'amuse alors à écarter ce fatras avec lequel j'étais arrivé chez lui. Il semble me dire : si vous avez lu mon œuvre, vous connaissez les réponses. Je pense à ces lignes d'*Antartida* où Coloane décrit des marins pris dans une tempête australe : « Leur choix était simple : sombrer ou survivre. » N'est-ce pas là sa vision du monde, rude et tourmentée ? Il me montre un objet marin hérissé de branches sur toute sa circonférence tel un astre aquatique.

— Cela ressemble à une étoile de mer, sauf qu'ici il y a plus de branches. En Patagonie, on appelle cela un *Sol del Mar*. Eh bien, imaginez-vous que ce « soleil de mer » m'a sauvé la vie. Sans lui, un rocher se serait détaché de sa base et m'aurait sans doute écrasé. Homme libre toujours tu chériras la mer!

Je lui fais remarquer qu'une île près de Macao, dans la mer de Chine, s'appelle Coloane. Ce clin d'œil homonymique avec une ancienne colonie portugaise de l'autre côté du Pacifique l'a toujours fasciné. Il connaît la Chine où il a vécu naguère. Je lui dévoile alors la signification en langue vietnamienne de son patronyme.

— Coloane signifie « Mademoiselle Phœnix ».

Comme si une révélation lui était venue d'une autre planète, Eliana bondit en s'écriant.

— *Fantastico, fantastico!* Mademoiselle Phœnix, Francisco, tu entends! Tu es l'oiseau sacré, le Phœnix qui renaît sans cesse de ses cendres.

— Cela me convient parfaitement, répond-il.

L'émotion, la sensation du sublime me pénètrent. Il est temps de laisser le capitaine de haute mer se reposer. Il déplie sa grande silhouette, s'approche et me donne l'accolade, à la chilienne. Est-ce un ange? Est-ce un démon? Non, c'est un formidable oiseau des mers du sud. Un albatros dans cette vie, et un Phœnix qui sait, dans les autres vies. Tout comme l'enchanteur Merlin admit Perceval dans la quête du Graal, le gardien du seuil patagon m'a donné, ce matin-là, une potion contre la vanité du vieux monde, le sésame ouvre-toi pour accéder au saint des saints: la fin des terres australes. Comment peut-on vivre dans un univers de désolation ? Coloane y répond à sa manière, nous prouvant que la beauté du monde reste une des raisons de vivre de l'artiste. Pour lui, la Patagonie peut être un enfer, mais aussi un paradis. Tout dépend de la bonne volonté des hommes. Elle constitue un des derniers réservoirs d'humanité du globe. Coloane, encore lui, a laissé son testament littéraire, à nous de le décrypter. Il a écrit : « La beauté n'est pas dans les choses mais dans les yeux qui la regardent. » Et moi je regarde déjà vers l'autre versant de la Patagonie.

L'autre versant de la Patagonie

Le versant pacifique de la Patagonie chilienne se révèle être un redoutable labyrinthe pour le marin et le voyageur. Côtes hachurées par des milliers de fjords abrupts et austères, dominées par l'immense muraille de la cordillère des Andes. Canaux pluvieux baignés par des eaux glaciales et fouettés par des vents venus du purgatoire. Littoral morcelé et découpé à l'infini par une myriade d'îles et d'îlots sauvages. Voilà une fin de continent qui a certainement été la cible d'un dieu un peu fou. Elle se réduit à des lambeaux de terre couverts de forêts sombres et d'une beauté prenante. En apercevant du pont de sa caravelle, un jour de décembre 1520, cette terre inconnue à l'aspect sévère et inhospitalier, Fernand de Magellan inscrivit sur la carte encore vierge et blanche : *Tierras de Diciembre,* Terres de Décembre. Le terme « Tierra de Dizembro » apparaît de fait pour la première fois en 1523 sur la carte de Turin. Le marin portugais, qui naviguait pour le compte de la couronne d'Espagne, venait de découvrir le fameux passage permettant aux Européens de relier l'Atlantique au Pacifique. Il accomplissait d'une certaine manière le rêve inaccompli de Colomb qui voulait gagner les Indes par la route de l'ouest. En réalisant ce qu'aucun homme n'avait jamais osé entreprendre avant lui, un authentique tour du monde, Magellan prouva que la terre était bel et bien une boule, et non une énorme plaque horizontale flottant dans l'éther. Là aussi, Magellan confirma les spéculations de Colomb et les intuitions d'Aristote, partisans de la rotondité de la terre. Le lendemain de ma rencontre avec Coloane, j'ai quitté Santiago du Chili et suis parti vers le grand Sud chilien, vers ces « Terres de Décembre ». Pour y aller, il m'a fallu traverser l'Araucanie, une région située au nord de la Patagonie, moins venteuse, moins humide, ce grand vestibule de la Patagonie australe.

Araucanie, ce nom captivant a le même pouvoir évocateur que Zanzibar, Bornéo, Sébastopol ou Amazonie. Entre la rivière Bio-Bio, qui marque la dernière « frontière », et l'île de Chiloé, s'étend un vaste territoire peuplé depuis l'aube des temps par les Mapuches. Ces Indiens que les conquérants espagnols appelaient aussi Araucans. Le chroniqueur espagnol Alonso de Ercilla y Zuñiga (1533-1594) passa sept ans au Chili et participa à ces guerres interminables et cruelles livrées par les Espagnols aux Mapuches. Il fut le premier européen à décrire et à écrire sur cette région, située entre la cordillère et l'océan Pacifique. Son récit, *La Araucana,* se lit à la fois comme une chronique de guerre et un poème épique où il s'émerveille devant la beauté de ces paysages vierges.

« Chili, terre fertile et immense située dans la région australe, renommée et connue de toutes les nations les plus lointaines, terre respectée pour sa force et sa puissance : le peuple que ce pays génère est si pugnace et si fier, qu'aucun roi ne l'a jamais gouverné, aucune puissance étrangère n'a réussi à lui imposer sa domination. » A l'époque, Pedro de Valdivia affronta Caupolican et Lautaro, les deux chefs historiques du peuple mapuche, des guerriers d'une étonnante bravoure. Une des ambitions des conquistadores était déjà de construire une route terrestre reliant le nord du Chili au sud, de l'Araucanie au détroit de Magellan. Pour Carmen Bernand et Serge Gruzinski, auteurs de l'*Histoire du Nouveau Monde,* « contrairement à l'Empire Inca, qui s'était effondré au lendemain de l'invasion de Francisco Pizarro, le sud du Chili allait offrir une résistance farouche. En 1569, toute l'Araucanie est embrasée par une guerre que les Espagnols compareront par la suite avec celle menée contre les Morisques dans les Alpujarras. De tous les récits de batailles que nous ont laissés les chroniqueurs, ceux de l'Araucanie tranchent par la violence qui s'en dégage ».

Nulle part en effet les soldats de Charles Quint n'avaient connu chez leur ennemi une telle hargne, une telle détermination à ne pas se laisser battre. Une lettre de Pedro de Valdivia envoyée à l'empereur Charles Quint en témoigne : « Il y a une trentaine d'années que je suis au service de Votre Majesté et j'ai lutté contre beaucoup de nations, mais jamais je n'ai vu autant d'acharnement dans le combat que chez ces gens-là. » Il n'y a rien de plus tenace que la mémoire qui résiste.

Au milieu du XIXe siècle, subjugué par les mêmes paysages de la frontière, et le même peuple mapuche, un aventurier français alla jusqu'à s'autoproclamer roi d'Araucanie et de Patagonie. Il s'appelait Orélie-Antoine de Tounens. Ce gentilhomme avait commencé sa vie comme obscur clerc de notaire dans une bourgade du Périgord. Un jour il partit. Sa morne et ennuyeuse existence se transforma en une aventure exaltante. Le tabellion devient soudain homme d'action. Orélie traversa l'océan pour fonder son royaume d'utopie en Amérique du Sud. Mais voilà, son rêve de royauté primitive en terre latino-américaine prit, hélas, rapidement une tournure dramatique. L'aventure se termina par un échec et le prince autoproclamé fut enfermé dans une prison de Los Angeles, une petite ville chilienne, avant d'être renvoyé *manu militari* en France. Roi d'opérette en terre araucane, souverain imaginaire épris de gloire et d'honneurs, Orélie Ier était pourtant habité par de généreux sentiments à l'égard des Mapuches. Un rêve d'humanisme universel guidait ses pas, mais la stratégie ne guida pas ses troupes. Pour asseoir son ambition royale, libérer les Mapuches de la tutelle du Chili et les conduire à l'indépendance, le Périgourdin ne disposa d'aucune logistique armée digne de ce nom, d'aucun moyen financier d'envergure. Cette histoire rocambolesque d'un amour impossible entre un obscur clerc de notaire et un peuple d'Indiens insoumis me turlupinait depuis longtemps. Un livre de Jean Raspail a brillamment fait revivre cet incroyable destin. Contrairement aux Incas du Pérou, les Mapuches n'ont jamais été totalement vaincus par les conquérants espagnols. Pour en savoir plus sur cette leçon de survie, je me suis rendu à Rekem Pillan, un hameau près de la ville d'Ercilla, la bien nommée, en souvenir d'Alonso le chroniqueur, à 120 km au nord de Temuco. Je me retrouve soudain en plein cœur d'une zone de conflit. Originaire de Moëlan-sur-Mer en Bretagne, ancien pêcheur installé à Valdivia, mon ami Philippe Merien m'accompagne. Ce Breton du bout du monde est mon passeur. Il m'avait prévenu : « Tu verras, leur combat continue, comme il y a 500 ans ! » Et j'ai vu.

Requiem pour Rekem Pillan

La forêt araucane forme une étendue de couleur vert sombre, enveloppant les collines, les couvrant de la base au sommet. Dans la plaine, quelques prairies d'herbes jaunies entourent des cahutes en planches, couvertes de toits en tôle ondulée. Des nuages filandreux traversent un ciel bleu cristallin. J'ai cru d'abord entendre le vacarme d'une nuée d'insectes monstrueux prêts à jaillir des ténèbres pour dévaster l'univers. Les tronçonneuses sont invisibles à l'œil nu, mais leur bruit strident et métallique évoque la menace d'un bataillon qui s'approche. Des policiers armés de mitraillettes surveillent jour et nuit le site de déboisement pour permettre à l'entreprise Arauco de travailler sans être perturbée par les villageois mécontents. Il y a même un char blindé caché derrière des arbres. Sur un flanc de colline, plus un seul arbre n'est debout. Cette partie déjà coupée de la forêt évoque une plaie ouverte, une saignée, comme si on avait arraché au rasoir un grand carré de fourrure sur le dos d'une montagne velue. Les arbres abattus sont pour la plupart des pins. Les autres encore en vie semblent attendre leur dernière heure, avec dignité et résignation. En quatre mois, le travail de coupe doit être achevé. Sur une petite butte, à l'orée de la masse sombre de la forêt, des drapeaux plantés sur des piquets en bois flottent au vent. Alignés en demi-cercle auprès d'une cabane en bois couverte de fougères, les membres de la communauté indienne de Rekem Pillan se réunissent en urgence. Ils sont tous venus, jeunes et vieux, hommes et femmes, enfants et grands-parents. Pas de folklore, aucune mise en scène dans leur comportement. Le chef parle. Ici, on l'appelle *lonco*. Les regards se tournent vers ce petit homme au visage d'oiseau blessé et pourtant convaincu du bien fondé de son message.

— Je demande à la Nature de nous donner la force suffisante pour continuer la lutte que nous menons pour la récupération de nos terres sacrées. Dans ce sens, il est très important pour notre communauté et pour le peuple mapuche de ne pas désespérer, malgré la situation de crise et le conflit qui nous opposent à l'entreprise Arauco. J'espère qu'il y aura des changements dans le futur. J'espère que ce qui nous entoure, notre nature, nos forêts, nos eaux et nos rivières, tout ce qui compte pour nous, pourra échapper à la folie dévastatrice des hommes. J'invoque les esprits visibles et invisibles, les esprits de la Terre, pour qu'ils nous aident dans cette épreuve. Car nous n'avons jamais été aussi seuls. Sachez, frères de Rekem Pillan, que l'on peut tout obtenir, à travers la Foi et l'Espérance.

Le *lonco* a parlé avec gravité, lentement, sans effets oratoires. Devant le saccage de la forêt, le chef mapuche ne tient pas un réquisitoire politique contre l'entreprise forestière, mais il adresse une sorte de prière à son Dieu. Il invoque le ciel.

Les malheurs de Rekem Pillan ont commencé au lendemain du coup d'Etat du général Pinochet, en septembre 1973. Les militaires ont débarqué dans la vallée et chassé les familles mapuches pour laisser la place libre à l'entreprise Arauco, la grande société industrielle de bois au Chili. Ces mêmes hommes armés brûlèrent les cases en bois, tuèrent les vaches, déversèrent des pesticides sur les prairies au point que les cours d'eau furent contaminés. Sur ces terres spoliées, Arauco planta des arbres dits à croissance rapide. Les familles indiennes expropriées de force furent installées sur des collines situées de l'autre côté de la vallée. En 1974, une loi spéciale fut votée pour favoriser l'industrie du bois au Chili. L'Etat chilien, sous la dictature de Pinochet, accorda des subventions importantes aux sociétés chargées de la déforestation. Aujourd'hui, la forêt née dans le drame de 1973 est devenue mûre pour être abattue. C'était un spectacle normal, ordinaire pour un économiste, laid pour un écologiste, et écœurant pour un humaniste. Il est temps autrement dit pour les industriels de passer la forêt à la tronçonneuse, par souci de rentabilité. Les Mapuches de Rekem Pillan ne peuvent pas oublier que ces arbres leur appartiennent depuis l'aube des temps. L'entreprise commença, sans préavis aucun, son travail de déboisement. Les gens de Rekem Pillan furent réveillés un beau matin par le vacarme de dizaines de tronçonneuses. Ce jour-là, le chef de la communauté comprit que son village était menacé. Il alla rencontrer les responsables d'Arauco. Il leur exposa ses doléances. Ayant été spoliés de leurs terres par la force en 1973, il ne demanda pas la restitution immédiate des mille cinq cents hectares spoliés, mais une simple participation aux bénéfices, une sorte de réparation morale et financière. *Nada por la tierra, menos por el bosque,* rien pour la terre, encore moins pour la forêt, lui avait-on répondu avec arrogance dans les bureaux climatisés de la puissante société. Devant le mur de l'incompréhension, les Mapuches décidèrent d'envahir pacifiquement la forêt pendant une semaine afin de protester et d'empêcher ce travail illégal de coupe. En décembre 1999, Arauco demanda à la police d'intervenir et près de huit cents hommes armés firent irruption à l'aube dans le village. Les Mapuches furent délogés à coups de bombes lacrymogènes et de balles en plastique. Le massacre de la forêt pouvait continuer sans crainte de troubles indigènes. L'ignoble loi du plus fort.

Au-dessus de nos têtes, le drapeau de la nation mapuche claque dans la bise du soir. Le *lonco* a été bref. Le petit groupe se disperse en silence. Le bruit lancinant des tronçonneuses persiste derrière la barrière des arbres et on sent les machines prêtes au déchaînement final. Au sommet de la colline, les forestiers de l'entreprise ont installé des baraques en préfabriqué pour loger les employés. Une double ligne de barbelés et de fils électrifiés entoure la zone. D'énormes camions chargés de troncs coupés roulent dans un vacarme sourd, dégageant des nuages de poussière rouge, rouge comme du sang séché.

Un étrange sentiment m'a envahi. Je suis un voyageur de passage et déjà métamorphosé en observateur, en témoin de l'injustice et de la solitude d'une communauté malmenée. A Rekem Pillan, humiliés et sans défense, les villageois n'arrivent pas à faire valoir leurs droits, leurs droits sont même bafoués. Ce conflit ne constitue pas un cas isolé au Chili. A Trapa Trapa, douze Mapuches sont déjà en prison. A Traigen, non loin de là, mille deux cents hectares de forêt native disparaissent sous les lames des tronçonneuses. Là aussi, le scénario se répète : usurpation des terres sous Pinochet, droit d'exploitation accordé aux grandes entreprises forestières, révolte des Mapuches qui demandaient une juste répartition des bénéfices. Refus catégorique des sociétés forestières. Puis les policiers débarquent en nombre à raison d'un homme armé pour un travailleur. Fermeture des chemins d'accès. Quadrillage du village. Bombes lacrymogènes, camions-citernes avec jets d'eau, tirs de balles en plastique sur les membres de la communauté. La même réponse, la même violence, la même incompréhension.

Grâce à Philippe Merien, il m'a été possible de rencontrer Aucan Huilcaman Paillama, le responsable du Conseil de toutes les terres mapuches (*Consejo de todas las tierras Mapuche*), et donc le chef *de facto* du peuple mapuche. En tant que *werken* (messager des dieux), il représente l'autorité suprême des Mapuches. En Grèce antique, on vénérait Hermès comme messager des dieux. Dans la vieille tradition bretonne, ce titre équivaudrait à celui de druide.

Le werken Aucan Huilcaman Paillama, messager des dieux

Quelques jours plus tard, le messager des dieux m'invite à passer au siège du mouvement et me fixe rendez-vous dans une maison d'un faubourg populaire de Temuco. La pièce, vide et sans confort, consiste en une table en bois, quelques chaises, et un drapeau fixé sur un mur nu. Il représente trois bandes horizontales, une rouge dit le sang, une verte le respect de l'environnement, une bleue le futur. Au milieu, une sorte de sphère jaune symbolise le Pultrun, l'instrument traditionnel des Mapuches qui sert de calendrier et marque les périodes importantes de l'année. Dans le paysage politique chilien, Aucan Huilcaman est connu comme le loup blanc, l'empêcheur de danser en rond, l'incontournable Robin des Bois. Petit, vif, énergique, il porte de longs cheveux noirs, fins comme des fils et qui tombent sur ses épaules à la manière d'un voile de cérémonie. Son nez d'aigle au milieu d'un visage aux traits réguliers, gravés comme une médaille, son regard d'obsidienne, intense, lui donnent une allure de chef charismatique. Une expression de combattant jovial émane de sa personne. Rien de sournois ou d'agressif dans ce visage réfléchi. Il parle avec assurance, sans aucune hésitation. Ses paroles sortent de lui en pensées fluides et élaborées. Mais il ne mâche pas ses mots, ni ne cache sa détermination à lutter pour la reconnaissance des droits du peuple mapuche. A ses côtés, se tient Don Menuel, son bras droit. C'est un *werken* aussi, mais d'un rang inférieur, un assistant du messager des dieux, en somme.

— Nous sommes autonomes en tant qu'organisation, mais le gouvernement nous considère comme des illégaux, car nous réclamons à l'Etat chilien le droit de récupérer nos terres ancestrales conquises par la force par les Espagnols. A l'ONU, un projet est à l'étude qui nous donnerait le droit à l'autodétermination, le droit d'être traités de manière différente. Comme au Pérou ou en Equateur, les gouvernements ont peur de nous. La classe politique ne nous prend pas au sérieux. Au Groenland, le gouvernement du Danemark étudie pourtant un projet de gouvernement inuit. En Norvège, il existe un parlement lapon. Pourquoi pas au Chili ?

Pendant une heure, Aucan Huilcaman plaide sa cause, ou plutôt la cause indienne, car il est la cause indienne. J'ai ouvert mon carnet de notes pour ne rien perdre de ce qu'il dit. Je lui demande si les Mapuches auraient recours aux armes dans le futur. Il me répond que non, mais avoue que si cela arrivait, il le comprendrait. Avant de le quitter, j'écoute une anecdote amusante sur le descendant direct d'Orélie Ier, roi des Araucans et de Patagonie. Ce Parisien, prétendant au trône d'Araucanie, dirige une entreprise de relations publiques. Sur sa carte de visite, il a inscrit son titre de noblesse patagon en tant qu'héritier légitime de son ancêtre. Le *werken* Aucan Huilcaman le connaît bien. Ce Français l'a assuré de son soutien : « Les Mapuches ont une épée en France », lui a déclaré un jour le prétendant au trône d'Araucanie. Huilcaman sourit, le regard un peu lointain. « C'est un geste sympathique, mais on ne peut pas s'embarquer dans une alliance sans futur. » Je le quitte là, aussi fier que si j'avais été reçu par Sitting Bull ou Mandela. Demain, on m'attend à Temuco.

L'ex-Hôtel de France à Temuco

Il pleut souvent à Temuco, ou bien la ville porte-t-elle la tristesse d'une mémoire ?

A Temuco, où je me rends à l'hôtel Continental, l'ex-Hôtel de France, l'endroit préféré de Pablo Neruda et de Salvador Allende quand ils séjournaient dans la région. Le poète chilien avait l'habitude de dormir dans la chambre n° 9. Elle est occupée. Je me contente d'une petite chambre avec un modeste lavabo, comme il y en avait une chez ma grand-mère, au plancher en bois ciré qui craque à chaque pas. Je pose mon sac et sors aussitôt faire un tour en ville, l'esprit encore occupé par ce que j'ai vu et entendu à Rekem Pillan. Temuco fait penser à une ville coloniale d'Amérique tropicale sous un climat plus tempéré. Peu de vieux bâtiments et un niveau de vie plus élevé qu'ailleurs. Ce n'est plus le tiers-monde, mais ce n'est pas encore la richesse par tête d'habitant des beaux quartiers de Santiago. Pablo Neruda y passa son enfance et y fut initié à la poésie. Dans *J'avoue que j'ai vécu,* il raconte ses années heureuses d'enfant solitaire. Sous la dictature de Pinochet, l'écrivain chilien Luis Sepulveda fut incarcéré avec d'autres intellectuels dans une caserne du régiment Tucapel où il fut torturé par des brutes au front bas. Dans son livre de souvenirs, *Le Neveu d'Amérique,* il qualifie Temuco de ville triste, grise et pluvieuse. On peut aisément comprendre que cette ville fut pour lui une descente aux enfers.

Chez un libraire au nom germanique – eh oui, il y a beaucoup de noms germaniques ici –, des bandes dessinées cohabitent avec des livres sur l'astrologie, le supranaturel et le Kama Sutra. Au bar du coin, un écran de télévision diffuse des *clips* musicaux nord-américains. Je bois une bière fraîche en dévorant une pizza aux oignons et au fromage. Vers 23 heures, la salle commence à se remplir. J'ai enlevé mes chaussures qui me font mal aux pieds. Un homme aimable se lève, sans que je lui demande quoi que ce soit, pour allumer ma cigarette. Pour me distraire, je colle dans mon journal de route un morceau de papier sur lequel est écrit : *Chinese put holes in their coins so that they could be threated onto string and carried around.* Les Chinois faisaient des trous dans leurs pièces de monnaie de telle sorte qu'ils pouvaient ensuite les enfiler sur une ficelle et les transporter. C'est inconscient, mais l'association Chine-Chili doit bien signifier quelque chose en moi. J'en toucherai un mot à un analyste.

Je retrouve la route panaméricaine du sud toujours rectiligne et toujours interminable, avec encore ses ribambelles de panneaux publicitaires aux messages de songe-creux, plantés au bord de paysages fertiles. En arrivant à Puerto Montt, sous la pluie, le bus quitte la voie express, entame la descente d'un flanc de colline sur une route glissante, toute en courbes. Bâties sur les versants des collines comme à San Francisco, les maisons ressemblent à de drôles de gros cubes en bois, couverts de toits de tôles. Ces demeures construites par des pionniers, dans une période de conquête, semblent avoir été figées dans le temps ou par le temps. Certaines font penser à des maisons de l'ouest californien, encore habitées par les descendants des familles d'aventuriers du siècle dernier. Le jour décline et le crépuscule approche. L'océan Pacifique apparaît soudain, tel une immense plaque couleur plomb virant à l'argent, dans une large baie aux eaux lisses. Un bateau de guerre sommeille dans la baie, éclairé par un chapelet de lumières qui entoure chaque hublot et se reflète dans des eaux sombres. Ce jeu de guirlandes lumineuses évoque une sculpture de déité hindoue au bord d'un étang sacré. Au loin, des silhouettes de montagnes indistinctes se dessinent dans la brume. Suis-je arrivé à Trondheim, à Narvik, à Tromso, ou dans un de ces ports pluvieux de la côte nord-ouest de la Norvège ? Sur un terre-plein, le long de la grève, quelques bustes en bronze représentent des célébrités locales. De gros chalets en bois de plusieurs étages, avec de confortables balcons, semblent avoir été transportés par avion-cargo depuis une station thermale des Alpes bavaroises. Il y a comme de la Scandinavie germanique dans cette Amérique-là.

A Santiago, les jeunes filles se promenaient en bustier, exposant au soleil la peau dorée de leurs épaules nues. A Puerto Montt, les mêmes beautés portent des bonnets, des anoraks. Certaines sont emmitouflées dans des parkas et des imperméables. Trente degrés au moins dans la capitale, une quinzaine à peine à Puerto Montt, encore moins la nuit. Bref, on passe de Séville à Oslo. Je commence à mieux comprendre l'immensité du Chili. De la frontière nord à l'extrême sud, c'est grosso modo la distance de Paris à Téhéran. Les différences climatiques dépassent nos normes d'Européens. On trouve ainsi sur le même territoire une des villes les plus sèches du monde (Arica) dans le désert d'Atacama, et un des points les plus arrosés de la planète, la région des canaux et des fjords au nord du cap Horn. Un écrivain chilien n'a-t-il pas écrit de son pays « Le Chili est un pays où la géographie est atteinte de folie » ? Ce pays présente la forme d'un curieux cétacé filiforme, une sorte de haricot longiligne coincé entre les Andes et le Pacifique. La cordillère des Andes en serait la colonne vertébrale, Santiago l'œil unique et la Patagonie, la queue osseuse et dévertébrée. Il suffirait qu'un géant agrippe la croûte de ce monstre pour que le Chili entier bascule dans les eaux du Pacifique.

Rien n'a basculé ce soir-là à Puerto Montt. La ville est apaisée, après le tapage d'une journée de campagne électorale. L'idée de perdre mon temps au bar de la discothèque Extrême ne m'est même pas venue à l'esprit, ou à peine. J'avale une portion de saumon et vais me coucher. La pension Millantu se trouve entre la mairie et le Club Aleman. En passant devant celui-ci, je remarque un écusson en bois sculpté portant un aigle impérial à deux têtes. Ma chambre donne sur un entrepôt rempli de cartons. On dirait une annexe, un prolongement naturel de ce banal hangar. J'ai l'impression de dormir dans le bureau du contremaître. Le lendemain matin, je suis réveillé par les voix des employés de la fabrique qui empilent des cartons sur des cartons. Je suis bel et bien encartonné. Au petit déjeuner, mes voisines, une mère et sa fille, originaires de l'île de Chiloé, me demandent ce que je fais là. Je leur explique que mon projet consiste à suivre la Carretera Austral jusqu'au bout de la piste et d'écrire quelque chose sur le sujet. La mère me conseille de m'arrêter à Chaiten.

— Chaiten, c'est le Chili austral et authentique, comme les élèves l'apprennent à l'école. La plage (*playa*), la cordillère, et de l'autre côté l'Argentine. C'est tout. A part la baraque du régiment. Rien d'autre. *Nada mas!*

Merci madame.

Puerto Montt, la gardienne du seuil

Il pleut sur Puerto Montt: un agréable crachin du bout du monde. Je traverse la ville à pied. Les taxis jaune et noir glissent sur le bitume luisant de la rue principale. Les badauds marquent des taches de couleur floues sous le voile gris argenté de la pluie australe. Curieuse destinée que celle de cette ville de Puerto Montt. A sa fondation, le gouvernement lui donna ce nom, en hommage à Manuel Mont, le président chilien de l'époque. Tout commença vraiment vers 1853 avec les premières explorations de l'estuaire du Reconlavi par la marine de guerre chilienne. En décembre de la même année, arrivèrent les premiers deux mille immigrants de l'île de Chiloé, située au large de Puerto Montt. Le décret de colonisation fut signé en juin 1853 et une église ouverte l'année suivante. On pensa faire venir des colons de Suisse, mais ce furent des familles de Prussiens qui débarquèrent, soutenues par le consul de Prusse à Valparaiso. Beaucoup étaient des anarchistes amers ou des utopistes déçus par l'échec de la révolution allemande de 1848. Hors-la-loi dans leur pays, chassés de cette vieille Europe conservatrice, ils cherchaient une terre d'asile au nouveau monde, un pays qui les accepterait avec leurs balluchons et leurs rêves. Un vent de folie soufflait alors sur l'Amérique du Nord. C'était la période de la ruée vers l'or en Californie. Avant l'ouverture du rail entre la côte est et la côte ouest des Etats-Unis, la ligne maritime la plus rapide pour les trois-mâts venus d'Europe à destination de San Francisco contournait nécessairement le continent sud-américain par le cap Horn. Une traversée des ténèbres ! Une fois l'enfer du Horn franchi, il fallait ensuite longer la côte chilienne du sud au nord pendant des jours et des jours. Les trois-mâts et les clippers faisaient enfin escale à Valparaiso, le seul grand port et havre de paix de la côte chilienne. Des familles entières de pionniers et des kyrielles d'immigrants y débarquaient. La traversée de l'océan Atlantique avait été épuisante, mais ces passagers exténués portaient en eux une richesse inestimable : l'espoir d'une vie meilleure sur une terre rude, mais une terre libre. Le Chili leur offrait de vastes espaces et de vastes découvertes à défricher.

Dès 1863, les colonies allemandes étaient déjà installées dans la région de Valdivia. A Puerto Montt, la compagnie des pompiers (*bomberos*) s'appelait *Germania*. En 1904, ce gros bourg colonial n'était encore qu'une poignée de baraques en planches agglutinées au fond d'une belle baie bien abritée. La forêt australe, sombre et mystérieuse, descendait comme une étrange langue verte jusqu'au bord de la mer. Les pionniers n'avaient qu'un geste à faire pour se jeter sur les troncs, leur hache en main, afin d'y couper le bois nécessaire à la construction des maisons. C'était le Far West de l'Amérique latine sur son versant pacifique et tempéré, le *deep south* chilien. Dans ce *wilderness* hispanique, les migrants pouvaient transformer leur existence en destin et réapprendre les gestes d'une nouvelle civilisation. Les rues n'étaient que des chemins de boue traversés par quelques hommes taciturnes montés sur des chevaux à l'œil impavide. Avant la Première Guerre mondiale, les habitants les plus riches de la ville, Don Eduardo Outridge Francke et Carlos Weiderhold, étaient des entrepreneurs prussiens, fils de pauvres émigrés.

Une aventurière venue de Belon, un petit port du sud de la Bretagne, détonnait au milieu de ce groupe de pionniers germaniques et chilotes. Doña Laurencia de Solminihac était une descendante d'aristocrates ruinés par la Révolution française. Cette perle implanta l'ostréiculture au Chili et fit fortune dans les huîtres, la spécialité du village de ses ancêtres. Puerto Montt, village de boue, était aussi le village de tous les possibles. Il se métamorphosa au fil des ans en une ville moderne. On pava les rues en 1936. L'électricité arriva en 1945. Deux dictateurs à lunettes noires, Pinochet le Chilien et Videla l'Argentin, y signèrent un accord de paix en 1978, pour éviter à la dernière minute que les deux pays n'entrent en guerre, suite à un banal et ubuesque conflit frontalier. Le pape Jean-Paul II y passa en 1987. Sa visite a laissé des traces. Le seul musée de la ville porte même son nom : museo Juan Pablo Dos. Je m'attends à y trouver un ramassis de bondieuseries. Au lieu de quoi, je fais la connaissance d'Edilio Peranchuay, un taxidermiste qui en sait long sur les albatros.

Dans son atelier, je n'ai pas vu d'animaux empaillés, mais une statue d'un apôtre barbu portant un agneau sur les épaules, adossé à un pilastre en forme de colonne grecque. Edilio la repeint avec des couleurs vives. Il sort un vieux et gros livre d'une armoire usée par le temps. *Les Oiseaux du Chili* écrit par un père érudit. En le feuilletant, il évoque les menaces qui pèsent sur les condors, de plus en plus difficiles à observer dans les Andes, et la vie des albatros. Pour lui, le plus étonnant des oiseaux, le roi migrateur, le nomade exceptionnel, reste l'albatros. Ce vagabond des mers est capable de voler des semaines et des mois au-dessus de l'océan sans jamais se poser. L'écrivain britannique Bruce Chatwin, qui est passé naguère en Patagonie, était fasciné par les mœurs de ce grand voyageur ailé. Edilio parle de ces oiseaux remarquables comme s'ils étaient les membres d'une grande famille princière bénie par dame Nature mais éparpillée par le destin. Les albatros à tête grise volent du côté des îles Diego Ramirez et Wollaston. L'albatros austral se rencontre au large de Valparaiso. Quant à l'albatros *ceniciento,* il faut le chercher dans le secteur du cap Horn. Le plus beau, le plus majestueux, est sans conteste l'albatros royal à pattes noires. Avec une envergure de près de deux mètres, ailes ouvertes, ce nomade ailé et solitaire cher au poète Baudelaire survole les eaux du Pacifique, au large de Corral. Qu'il est petit devant un tel roi notre Jonathan Livingston Goéland !

— Vous ne les verrez jamais depuis la côte. Prenez un bateau, allez en mer. Mais avant tout : soyez très patient, me lança Edilio au moment de partir.

C'est vrai que là-bas, l'albatros n'est pas une mouette, il se mérite.

Sur la Carretera Austral

Je n'ai pris aucun bateau pour partir à la recherche des albatros, mais j'ai embarqué à 8 heures le lendemain matin dans un petit bus en direction d'Hornopiren. Pour la première fois, la route a adopté une autre physionomie, plus étroite, plus simple, une piste sans bitume, sans consistance, un pointillé sans prétention. Une route minable en somme, après la puissante et imposante panamericaine. Contrairement à la route panaméricaine du sud, ce *camino* semble dépouillé, revenu à l'état de nature, un simple chemin de cailloux et de terre grise. Le *camino* suit les découpages du littoral, tournant et virant dans un paysage maritime accidenté, au pied des montagnes boisées qui tombent dans les eaux mornes et noires du Pacifique. Enfin voilà la Carretera Austral, la *ruta siete,* la « nationale 7 » chilienne, cette voie sauvage qui traverse la Patagonie chilienne du nord au sud sur près de 1 200 kilomètres, en se faufilant entre la cordillère et l'océan. Elle commence à Puerto Montt et se termine à Villa O'Higgins. La journée débute sous un ciel bas et nuageux et se poursuit sous le soleil. Le voyage me semble soudain plus facile. Je suis seul, libre, nomade, muni d'un sac de douze kilos, en partance vers un des derniers morceaux de monde encore vierge. Dans le bus, je m'amuse à décrypter le paysage, à tout noter : nom des villages traversés, contenu des messages publicitaires, objets insolites. Stendhal le disait déjà en Italie au XIXe siècle : « Il faut voyager avec un fusil et chasser tous les objets. » Je fais un brin de conversation avec ma voisine, une randonneuse américaine originaire de Juneau, en Alaska. Ce n'est pas vraiment le genre de femme-objet que les hommes prennent en chasse. Blonde aux yeux verts, elle porte des bottes en caoutchouc et un ciré. Elle réalise une étude sur les oiseaux du Chili et trouve que le paysage ressemble curieusement à celui de son pays, l'Alaska, en moins rocheux. Elle me montre du doigt un *jote* – sorte de vautour – qui plane dans le ciel. Avec elle, même les charognards semblent beaux. Nous passons par Pelluco, une petite station balnéaire au bord d'une plage de sable gris. Le kiosko Vanessa et le pub Azuro sont fermés. Les champs bien verts vont jusqu'au bord de l'eau, sous le ciel nuageux. Le bus heurte un mouton et continue sa route, sans s'arrêter. Demain, dans le coin, il y aura du ragoût de mouton. En une heure et vingt minutes de voyage, nous ne croisons aucun véhicule, sauf un autre bus de la même compagnie. Progressivement le paysage change, devient de plus en plus imposant et majestueux dans sa gravité venteuse. Sur les rives du Seno de Reloncavi, un large fjord est dominé par de hautes montagnes couvertes d'austères forêts. Il n'y a pas de pont pour le franchir. La Carretera Austral n° 7 se termine par une pente conduisant à une sorte de quai. En contrebas, un bateau de couleur orange attend patiemment l'arrivée du bus. Celui-ci ralentit, descend sur une rampe d'accès et passe sans transition de la piste de terre au réceptacle du ferry, provoquant un vacarme de tôles qu'on ébranle. Le *Transbordador Tehuelches,* immatriculé à Valparaiso, actionne une porte d'entrée à l'arrière, et on dirait la gueule ouverte d'un étrange animal. Le bus s'immobilise, un peu à l'étroit dans sa boîte. Il occupe presque toute la place sur le parking intérieur. Aussitôt fait, le ferry quitte le quai de La Arena. Pendant la traversée du fjord Reloncavi j'occupe la place n° 3. Un homme d'une cinquantaine d'années, blouson bleu au col mauve, lit *Llanquihue,* le journal local. Son visage montre des bajoues épaisses sous de grosses paupières terminées par de longs cils. Sur une des pages, une annonce met en garde le lecteur contre les risques d'épidémie du virus Hanta. Une petite photo en noir et blanc montre une femme portant un curieux masque plaqué sur son nez et sa bouche, à la manière d'une infirmière près d'une table d'opération. *Use mascarillas! Protejase!* Utilisez des masques, protégez-vous! Mon voisin me donne des explications. Le virus Hanta, considéré comme mortel, sévit en Amérique latine et se transmet par les souris et les rats, à proximité des déchets, des dépôts d'ordures, des maisons abandonnées.

Peu de temps après le départ, un vendeur de café et de sandwichs monte à bord. Il est habillé comme un citadin avec un pull en laine de couleur bordeaux, style Benetton. Il porte un panier dans une main et un réservoir métallique dans l'autre, identique à ceux qu'utilisent les marins pour transporter l'essence de leurs bateaux à moteur. Il propose à boire et à manger. Ses cheveux courts, noirs comme du charbon et raides comme des poils de pinceau, forment une étrange visière qui s'avance au-dessus du front, tandis que l'arrière est dégarni. Sa peau est jaune, son nez busqué, grand et bien dessiné. Il doit avoir la trentaine. Rien d'anguleux en lui. Ses yeux n'ont pas de cils, ni de sourcils. Ceci lui donne un air étrange et attachant. Il me fait penser à un figurant de cinéma appelé à jouer dans la seconde qui suit avec un maquillage inachevé. Ce n'est pas un Chilien de type hispanique, mais probablement un Indien natif de la région. Autant dire un rescapé du génocide qui a décimé au XIXe siècle les peuples indigènes de Patagonie. A quelle ethnie ce vendeur ambulant à la silhouette si particulière peut-il appartenir? Est-il un des derniers Alakalufs de Puerto Eden? Un Chonos de la région des fjords? Un Cuncos de l'île de Chiloé? Un Caucahue de la région d'Aisén ou un Pallos de Chaiten? Ou le mélange de tout ça?

A Caleta Puelche, le bus sort de la carlingue métallique du bateau, grimpe la rampe et repart sur la piste en terre dans un épais nuage de poussière grise. D'énormes feuilles vertes aux bords ciselés, larges comme des parasols, jaillissent de la masse compacte des fougères. Nous passons devant un supermercado Jasmin coiffé d'une antenne parabolique. Même dans les recoins les plus éloignés de la Patagonie, les hommes redoutent l'isolement et cherchent à se connecter au village planétaire. A côté, se dresse un panneau solaire. Les murs des maisons sont couverts d'ardoises en bois, superposées d'une façon harmonieuse et protectrice, à la manière du plumage de certains grands oiseaux. Deux jolies filles montent dans le bus. Elles font un bout de chemin, puis descendent, dans une ligne droite, en pleine campagne, à la hauteur d'un panneau indiquant *Brighton Limited.* Elles nous disent au revoir d'un signe de la main et commencent à marcher sur une piste perdue. Où vont-elles ? Que signifie ce nom de société britannique ? A Pichicolo, des petits cochons traînent dans un pré au pied d'une chapelle évangéliste. Le bus s'arrête devant une maison de pionnier, en bois et en zinc, isolée derrière un pré ombragé. Des peaux de mouton sèchent sur un muretin. Une jeune fille accourt du jardin, franchit la barrière et remet deux bidons vides à un garçon qui se précipite vers elle pour les saisir et les ranger dans le coffre du bus. Plus tard, je crois revivre le cauchemar de la route panaméricaine en apercevant le vilain panneau publicitaire d'une société immobilière. Pour vendre d'immenses parcelles de terre à des prix dérisoires, des promoteurs sans scrupules ont repris sous forme de slogan commercial une phrase bien connue de Pablo Neruda : « Qui ne connaît pas la forêt chilienne ne connaît pas cette planète. » Je suis effondré par ce détournement de sens et ce dévoiement de la poésie à des fins mercantiles.

Voilà enfin Hornopiren. La ville est dominée par un imposant volcan à la cime enneigée. Le feu sous la glace, la forêt mystérieuse, la pluie bienfaitrice, le ciel toujours changeant, les nuages poussés par le vent du Pacifique, les petites maisons au bord d'un fjord aux eaux limpides, comme sorti d'un dessin d'enfant : ce paysage habité par un esprit bienveillant m'incite à poser mon sac. Que c'est bon d'être parfois un personnage de bande dessinée et de « coincer la bulle » !

II

AU CŒUR DE LA FORÊT AUSTRALE

Il me faut des torrents, des rochers, des sapins, des bois noirs, des montagnes, des chemins raboteux à monter et à descendre, des précipices à mes côtés qui me fassent bien peur.
Jean-Jacques Rousseau, *Les Confessions*

La cime blanche et enneigée du volcan Hornopiren, prise en écharpe par des nuages de brume, dessine un triangle de sérénité sur un cône immense assailli par la jungle de la forêt australe. Dans les entrailles de ce monstre apaisé, le feu continue pourtant de couver sous la neige et la glace. Cela ne se voit pas. Les eaux du Pacifique envahissent de leur bleu mélancolique un fjord profond, étrange entaille dans la cordillère des Andes à l'approche de l'océan. Au bord d'un chemin de terre grise, se tient une maison robuste, rassurante, faite de gros rondins découpés à la hache, taillés à la force du poignet par des hommes des bois, aussi hardis que des matelots dans la tempête. Tout semble avoir été assemblé pour servir de refuge et durer une éternité. Les fenêtres peintes en rouge et les murs blancs de sa façade ont les même couleurs vives qu'un bateau porte-bonheur. Ces couleurs paraissent avoir été choisies pour combattre la férocité de la nature, et lutter contre la monotonie des longs hivers noirs. A Hornopiren, la mer, le ciel et la terre s'unissent parfois pour infliger aux hommes une étrange leçon de ténèbres. Il suffit d'une simple tache de couleur vive sur un rondin de bois, et voilà que les âmes se sentent mieux disposées pour affronter la tristesse des nuits australes.

Un panneau *Supermercado-Hôtel* signale à présent une maison d'un genre particulier. Elle abrite à la fois une épicerie et une pension de famille. Sur la porte, il est écrit : *Adelante !* Avancez ! Et un autocollant représentant le visage d'un Jésus barbu prévient le visiteur : « Si tu ouvres cette porte, elle s'ouvrira pour Dieu. » Je frappe. A l'intérieur, ni dieu, ni diable, mais une gentille dame en blouse, coiffée d'un fichu, le genre de personne à faire ses comptes sans calculette, sans jamais se tromper.

Installée derrière un comptoir en bois, enveloppée d'ombre, elle actionne d'un coup de main énergique un cordon long de plusieurs mètres qui débloque aussitôt le verrou de la porte. Avant que mon œil ne s'arrête sur Oliva Brauning, la maîtresse des lieux, il faut d'abord passer en revue un bric-à-brac d'objets de quincaillerie, se dégager d'un fatras de victuailles et de produits de première nécessité, traverser un capharnaüm de denrées alimentaires, de boîtes de conserve, de cageots remplis de légumes. Son regard doux, son ton de voix ferme, mais paisible, son élocution lente et précise, me rendent immédiatement sympathique cette épicière du grand Sud. Elle doit me trouver sympathique aussi, alors elle raconte.

L'histoire d'Oliva et Pedro

Oliva est veuve depuis plus de douze ans. Son mari s'appelait Pedro Maldonado. « Un homme extraordinaire », me dit-elle. En hommage à sa mémoire, la municipalité d'Hornopiren a donné son nom à une rue du village. Oliva aurait aimé que la rue en question soit celle qui passe entre son épicerie-hôtel et le fjord. Jeune homme, Pedro a été un des ardents pionniers d'Hornopiren. Il a créé une scierie et l'a exploitée de son mieux. Le bois, abondant dans la région, venait des forêts voisines, et il le vendait à des entreprises de Puerto Montt. Sur une rive en pente douce, à deux pas de leur maison, un ponton planté dans les eaux du fjord servait de point d'accostage aux bateaux venus de loin. Pendant des années, Oliva et Pedro avaient ainsi vécu au rythme de ces allées et venues maritimes et commerciales. A lui, le bois et la scierie, à elle, l'épicerie et les chambres de la pension. Avant la construction de la Carretera Austral dans les années 80, nulle autre manière d'accéder à Hornopiren que la mer. Ce n'était pas une île pourtant, mais il fallait faire comme si ce bout du monde en était une. La muraille des Andes derrière, le fjord immense devant, la forêt omniprésente partout aux alentours. La seule route possible restait la voie des eaux et les innombrables canaux qui dessinent un labyrinthe de plus en plus complexe à mesure que l'on descend vers le cap Horn. Oliva et Pedro s'étaient connus, jeunes, à Puerto Montt, le port de toutes les aventures. Prêts à vivre à la dure, à sacrifier leur confort, pour gagner leur liberté, ils s'étaient embarqués un beau matin sur un improbable bateau, vers une autre vie. Une existence de pionniers solitaires et solidaires, qui prit naissance dans le fond de ce fjord andin, mal indiqué sur les cartes. Les Brauning, la famille d'Oliva, étaient des catholiques allemands qui avaient émigré au Chili pendant la Première Guerre mondiale.

Pourquoi et comment étaient-ils arrivés là ? Oliva ne se soucie pas trop de le savoir. Au Club Aleman de Puerto Montt, des érudits locaux doivent bien détenir des éléments de réponse. Mais pour Oliva, à quoi bon revenir sur ce passé ? Ni heureuse, ni malheureuse, sereine, elle vit seule. Ses deux sœurs sont entrées en religion. Ses deux filles sont mariées et rangées. Pedro n'est plus là. Elle s'occupe de son auberge avec la même méticulosité qu'une sœur hôtelière de son couvent de campagne.

Son existence se résume à cette foule de petits riens répétés jour après jour, qu'elle accomplit avec soin et diligence. Elle vit ainsi dans une étrange mélancolie active, comme si sa vie consistait à vaincre la solitude par une activité silencieuse et méritoire. Tout Oliva respire cette lumineuse vertu des cœurs simples. Mais elle connaît ses limites. Deux adolescentes l'aident. Une dans la cuisine, où ronronne un fourneau à bois sorti peut-être d'un roman de Zola. Et l'autre, réservée mais active, virevolte dans la petite salle à manger ou au comptoir de l'épicerie bric-à-brac. Oliva pèse des légumes dans une balance rouge démodée, de marque Triunfo. Je remarque un gros fromage sur le comptoir, puis je monte les marches d'un escalier assez pentu. Elle m'a donné la chambre n° 4, à l'étage. Tout est en bois, un univers de gros rondins indestructibles, polis et propres, qui dégage un sentiment de rusticité bûcheronne, d'honnêteté laborieuse et de temps retrouvé. L'espace s'est élargi et le temps prend de la pesanteur. Une heure à Hornopiren n'est pas une heure à Paris, à Londres ou à Tokyo. Le rectangle de la fenêtre semble mangé par la lumière du dehors et on ne voit que les couleurs bleue et verte du fjord étincelant C'est une chambre minuscule qui incite à la rêverie. Un ermitage pour Jean-Jacques Rousseau. Soudain, la nature prend une tournure souriante. Les seuls bruits qui me parviennent sont des pépiements d'oiseaux, le bruit du flux et du reflux des vaguelettes, le murmure du vent.

Je lis *Le Sillage de la baleine* de Francisco Coloane. Autour de l'auberge d'Oliva, des maisons plus petites, couvertes d'ardoises en bois, se répartissent dans un méli-mélo de jardinets cernés de frêles barrières et de buissons d'herbes libres.

La scierie de Pedro semble attendre la décrépitude, parmi des massifs d'hortensias roses, mauves et bleus. Elle me fait penser à une tombe pathétique dans un cimetière à l'abandon. Le volcan Hornopiren impose sa puissante et haute silhouette jupitérienne au reste du paysage qu'il écrase. A cette heure-là, il est midi, un jour d'été austral, la Patagonie dévoile un peu de douceur, prouvant par là son pouvoir caché, lumineux et pacifique. Et pourtant, sous cette apparence douceâtre de Caraïbes, une force redoutable sommeille, prête à s'acharner sur le monde. Je sors de l'auberge et marche jusqu'à la place d'armes, le cœur du village.

Deux heures de farniente, assis sur un banc pour profiter des rayons du soleil austral, me font oublier les journées pluvieuses et les nuages assombris de la route. Une petite fille sur une bicyclette à trois roues est étonnée de me voir pieds nus et me demande pourquoi j'ai ôté mes chaussures. Il fait chaud, lui répondis-je. Elle me regarde fixement, sans dire un mot, et s'en va. Le village a été jeté sur une feuille blanche par un écolier appliqué auquel le maître aurait demandé : « Dessine-moi un village de pionniers dans le grand Sud chilien. » L'élève aurait mis tout d'abord le centre nerveux de la convivialité, c'est-à-dire la place d'armes, que l'on appelle aussi le *zocalo* dans de nombreuses villes coloniales d'Amérique latine. Une fontaine centrale glougloute sur une étendue de gazon plantée de quelques arbustes. Des bancs à la robuste armature métallique et des copies de vieux lampadaires semblent à peine sortis de leur emballage en plastique. Tout est solide et rassurant. Mais tout est neuf, tout est sans histoire. La commune d'Hornopiren a été créée en 1982 ! Sur les bords de cette place carrée, les pionniers ont construit une église en bois chapeautée d'un clocher vert. Le supermarché fait face à la mairie, à la poste et au kiosque téléphonique, le reste n'est qu'une ribambelle bien alignée de maisons en rondins coiffées de tôles. Aucun luxe ostentatoire dans cet agencement de la vie. Un hôpital a été construit aussi, avec les moyens du bord. Pour la sécurité des habitants, la police (*Armada de Chile*) et les *carabiñeros* tiennent un bureau fort spartiate dans le même mouchoir de poche. Pour l'éducation des enfants, il faut un lycée. Les éléments de base de la vie d'une microsociété humaine ont été réunis à Hornopiren pour permettre à la civilisation d'avancer plus en avant vers l'extrême sud. En Europe, en Asie, en Amérique du Nord, des villes nouvelles voient le jour, brutalement, à la périphérie surpeuplée des grandes métropoles. Mais de petits villages neufs ne naissent nulle part dans le vieux monde, faute de peuplement. Hornopiren, au contraire, a jailli du ventre de la terre chilienne, comme un enfantement inéluctable, comme l'accomplissement génétique et nécessaire d'une nation encore jeune.

Hornopiren ne symbolise-t-elle pas l'esprit même de ce nouveau monde latino-américain, le fruit d'une pulsion humaine qui ne supporte pas les zones vierges sur les cartes géographiques ? Quelques-unes des paroles de la Bible ont pris forme là. Les catholiques tiennent la plus belle maison de Dieu, et les protestants prient dans des chapelles rudimentaires en planches. Quand le village a été fondé officiellement, la piste était en cours d'achèvement. Peu importe. La poussée civilisatrice du nord vers le sud est dévoreuse de nouveaux espaces vierges. Et puis, quel gouvernement peut accepter de laisser de si belles terres, de si somptueux paysages sans la présence de citoyens travailleurs et ingénieux ?

La poste n'est qu'une baraque en bois, plantée entre un jardin, à côté de la bibliothèque municipale. Un local grand comme un placard. Une femme aux cheveux bruns, l'unique employée, range une pile de lettres fraîchement arrivées. La plupart contiennent des factures téléphoniques. Dans un coin, des boîtes postales anciennes attendent leurs visiteurs. Après m'avoir vendu quelques timbres, l'employée se met curieusement à les coller elle-même, un à un, sur les enveloppes. Intriguée par le contenu de mes cartes, elle prend le temps de lire la petite légende au dos de chacune d'elles. Acheminer du courrier jusqu'à Hornopiren relève de l'aventure. Avant la construction de la Carretera Austral (la *Ruta 7*), le courrier arrivait une fois par semaine au village. Le bus l'apporte maintenant tous les jours. Pas de facteur à Hornopiren. Les intéressés se déplacent jusqu'au bureau de poste.

Devant le bureau téléphonique Telefonica del Sur, une cabane renforcée par du métal, deux adolescentes montées sur des chevaux patientent en attendant la pluie.

En feuilletant l'annuaire téléphonique au chapitre Hornopiren, je découvre une liste d'une centaine d'abonnés. Eugenio Blas Tampier, Carlos Eduardo Dupré, Jaime Werner, Maria Winkler : des noms d'origine française et allemande, noyés dans une majorité de noms hispaniques comme Peranchiguay, Lizama, Navarro et Mayorga. Qui sont ces pionniers ? D'où viennent-ils ? Quels peuvent être leurs raisons d'être là ? La cloche de l'église sonne sept fois. La nuit tombe sur les maisons basses le long des chaussées caillouteuses. Je fais quelques achats à l'épicerie et rentre à l'auberge d'Oliva Brauning. Les eaux grises du fjord ressemblent à des plaques métalliques, froides et coupantes, dominées par la masse verte de la forêt. Un rayon de lumière jaune jaillit soudain de la voûte céleste et se fixe, tel un projecteur, sur les rives pelées et basses du fjord.

A l'hôtel, je ne suis plus seul. Des randonneurs occupent une chambre proche de la mienne. Au dîner, je commande un plat de saumon grillé. Dans le sud du Chili, le saumon coûte moins cher que la viande. Comme en Irlande, lors de précédents voyages, je me mets à manger du saumon tous les jours, avec appétit, comme si la chair de ce grand migrateur océanique était la seule nourriture convenable à un voyageur terrestre. Une jeune fille dispose quelques morceaux de bois (du *tepu*) dans un vieux poêle. En se relevant, elle me demande si je souhaite regarder la télévision. Je la remercie. Hormis ce couple de randonneurs hollandais, la salle à manger est vide. Un vieux tracteur démantibulé rouille sur une bande de gazon. Il y a dans cette carcasse à l'abandon quelque chose de pathétique. La fuite du temps a opéré une métamorphose étrange. Ce tracteur est devenu une quasi-œuvre d'art brut, une sorte de trophée pitoyable dans le jardin d'une auberge hors du temps. Oliva ne s'est pas préoccupée de l'avenir de cet engin. J'aperçois la masse du volcan Hornopiren dégagée de ses nuages. Sa forme parfaitement conique et régulière se détache dans un ciel encore bleuté que la nuit va bientôt effacer. Derrière la ligne de crête, vers l'est, des cimes rocheuses enneigées se découpent dans la lumière rose du soir, comme si un rideau de scène les avaient dévoilées dans la soirée. Théâtre grandiose et immobile.

Le crépuscule venu, le rideau s'est ouvert sur un décor inconnu et un autre paysage s'est mis en place. L'océan

Pacifique tout proche agit comme le grand ordonnateur de ces changements imprévus. Il semble être capable de gouverner le temps selon ses caprices. Le couchant a signifié le renvoi des nuages. Ainsi Hornopiren se transforme plusieurs fois par jour, selon le sens du vent. Et à chaque fois, la petite ville de pionniers prend un nouveau visage.

La santé, l'éducation et les chemins

A la bibliothèque municipale, deux longues tables occupent l'intérieur d'une pièce nue. Des cartons sont empilés sur le plancher. Des rayonnages portent quelques objets, mais pas de livres. Une énorme vertèbre de baleine et deux gros boulets de canon ont été posés là parmi des coquillages marins, des roches et des minéraux. Une jeune fille s'affaire dans des cartons et en sort un dossier dactylographié. Il contient une sorte de petit journal intitulé *Los Alerces* réalisé par les élèves de 7e année de l'école communale. L'un d'eux a écrit : « sans nous en rendre compte, nous sommes en train de détruire notre planète en méconnaissant les conséquences de certaines technologies. » Une note du maire résume les soucis principaux de la commune : la santé, l'éducation et les chemins. La région manque de médecins ruraux. Parmi ses préoccupations figure aussi la question de l'électricité : « sans doute une nécessité de caractère impérieux pour tout être humain. » Un projet de barrage hydroélectrique, très controversé, est à l'étude, qui oppose les écologistes aux politiciens.

Un coup de sirène de bateau retentit dans le fjord et me rappelle qu'il est temps de m'inquiéter de mon prochain départ. Mon intention est de rejoindre Caleta Gonzalo, au cœur du parc Pumalin, un immense secteur protégé, couvert par la jungle australe primaire. Il s'agit de la plus grande réserve naturelle privée du monde. Elle appartient au milliardaire californien Douglas Tompkins qui, à travers une fondation, possède l'équivalent du tiers de la surface de la Corse. La seule manière pour rejoindre Caleta Gonzalo consiste à prendre un bateau au départ d'Hornopiren. On y va.

Après avoir acheté mon billet dans une cabane chahutée par le vent, je rencontre chez elle Rosa Villaroel. Les fenêtres de son salon donnent sur le port d'Hornopiren. Depuis chez Rosa, le fjord semble plus vaste, plus inquiétant, comme s'il annonçait l'approche imminente du grand océan, retenu par une ultime barrière montagneuse. Les bateaux peints de couleur vive sont amarrés à un quai, comme des jouets d'enfants sages, rangés au pied de versants abrupts. Rosa porte un gros châle en laine. Ses yeux vert jade, son regard juvénile et songeur, son expression avenante, paraissent avoir été choisis pour une autre physionomie, moins rude, moins burinée. Erreur, qui sait, heureuse ou malheureuse de la nature, comme si ces yeux rêveurs indiquaient son âge véritable, comme s'ils étaient les témoins lumineux d'une vie passée à méditer face à un paysage de matin du monde. Rosa est la mémoire contemplative du fjord. Son grand-père avait été le *dueño* de la colonie d'Hornopiren. Elle se souvient de l'époque où de riches visiteurs passaient l'hiver, ou une partie de l'hiver, dans un bel hôtel thermal situé sur une île proche d'Hornopiren. Rosa semble avoir la nostalgie de ce monde évanoui qu'elle devine au large chaque jour depuis sa fenêtre. Aujourd'hui, elle ne comprend plus les voyageurs, ces voyageurs pressés. Elle me rassure quant à la pluie et à la neige :

— Ne vous inquiétez pas, il pleut rarement et peu ici. Et la neige fond et sèche dès qu'elle cesse de tomber. Ici, le temps n'est pas si froid qu'on pourrait le croire.

Avant de partir Rosa m'offre en souvenir une photo du volcan Hornopiren au dos de laquelle elle a écrit : « Bon voyage et revenez me voir le plus vite possible. » Elle me raccompagne jusqu'à la barrière en bois marquant la limite de son jardin. Elle me répète : « Il n'y a pas de volcans actifs à Hornopiren. » Je cours jusqu'à la passerelle du bateau. Les chevelures agitées des passagers indiquent le sens du vent mieux que n'importe quel instrument marin. Les cheveux montrent le Pacifique, le vent est le grand vent d'ouest.

Sur le Transbordador Mailen pour Caleta Gonzalo

La grande porte métallique, située à la proue du bateau, se referme. En observant cette grosse plaque anguleuse se détacher des flots, se redresser lentement, puis finir par s'emboîter dans la carcasse du bateau, telle une boîte flottante, je crois voir la gueule mécanique d'un étrange monstre marin. Le *Transbordador Mailen* mesure 38 m de long et jauge 600 tonneaux. Pour la région, il est de taille moyenne, et l'équipage se compose de douze personnes. Les passagers regardent le petit port d'Hornopiren s'éloigner. Un homme d'une trentaine d'années lit un livre en hébreu. Deux jeunes filles, les yeux protégés par des lunettes noires, rient dans le coin d'une cabine. Un homme porte un béret basque et un T-shirt sous un blouson de cuir. Accompagné de ses trois jeunes enfants, Pedro Peres retourne à Futaleufu, son village natal, pour les élections. Pour accomplir son devoir de citoyen, il doit voyager deux jours en bus et passer une demi-journée sur ce bateau. Il n'est pas question pour lui de faire demi-tour ou de renoncer à son objectif, ni de s'abstenir. Pedro a travaillé comme guide pour des chercheurs d'or, là-bas, dans les montagnes. C'est un Chilien opiniâtre et malin. Les expéditions duraient une quinzaine de jours. A cheval, en canot, ou parfois même en hélicoptère, tous les moyens furent utilisés pour explorer ces vastes étendues encore inconnues. Mais la cordillère n'a pas dévoilé ses secrets, ni révélé son trésor caché. L'entreprise minière a fini par fermer ses portes. Le rêve d'or s'est éloigné. Pedro rentre à la maison auprès des siens, heureux d'avoir rempli scrupuleusement sa mission de chercheur d'or. A présent, il doit accomplir une autre mission : voter. Pour lui, stabiliser la démocratie au Chili vaut bien tout l'or de la terre, c'est sa conviction.

Des *cisnes* au corps blanc et des *jotes* au plumage noir virevoltent sous des nuages gris et blancs accrochés aux sommets des montagnes sombres. Le bateau avance imperturbable sur une mer d'aquarelle, un Pacifique qui porte bien son nom ce jour-là.

Un jeune couple de musiciens, originaire de Santiago, se tient à l'avant du bateau, les cheveux balayés par le vent. Ils sont amoureux et ne le cachent pas. Ils m'apprennent qu'ils sont en voyage de noces et qu'ils ne pourront pas voter. La jeune femme est professeur de chant et son jeune époux enseigne à l'école de musique de Santiago. Ils se rendent à Caleta Gonzalo et au parc Pumalin pour la première fois.

— On ne sait pas vraiment si l'idéal de Tompkins tiendra longtemps, ni ce que deviendra le parc après sa mort. Si les politiciens chiliens le touchent, ils touchent aux Etats-Unis. C'est un gringo. Le gouvernement chilien ne peut rien faire contre lui sans que cela concerne aussi les Etats-Unis. Notre pays est si étroit, et étant donné l'immense surface de terre qu'il contrôle, du Pacifique à la frontière avec l'Argentine, il peut couper notre pays en deux. Un compromis politique et financier a été passé avec le gouvernement chilien. Mais quand même c'est considérable. Voilà un homme qui peut dire : « Tous ces volcans, ces lacs et ces montagnes que vous voyez là m'appartiennent, ces forêts sont les miennes. Si je veux, je peux les incendier. » Mais on suppose que ce n'est pas pour y mettre le feu qu'il a acheté ces 250 000 hectares de nature sauvage.

Le bateau se rapproche de la côte, glissant sur les eaux d'un grand fjord en forme de U. Des montagnes escarpées tombent dans la mer, sans douceur, comme si l'existence même d'un morceau de terre plate à cet endroit ne pouvait être qu'une erreur de la création. De temps à autre pourtant – la nature n'est donc pas si mal faite – des grèves de sable gris et de cailloux volcaniques apparaissent au pied de l'inquiétante muraille de la cordillère. Une épaisse couronne nuageuse, obèse, comme gonflée par la paresse, prend en écharpe les sommets à peine visibles. Deux dauphins suivent le bateau. Les regards des passagers se dirigent vers eux. Leurs corps arrondis et luisants jaillissent des vagues, plongent, rejaillissent, et replongent. Ce jeu animal a sa part de poésie et de mystère. Au fond de ce fjord austère et grave, presque lugubre, ces deux dauphins apportent la fantaisie et la légèreté qui manquent au paysage austral inventé par un artiste sévère.

Un homme d'équipage, posté à l'avant près de la porte métallique, fait des signes à la cabine de pilotage. La manœuvre ne dure que quelques minutes. Le bateau se range de côté contre une rampe en béton à moitié recouverte par l'eau. La lourde porte articulée s'abaisse jusqu'au sol. Quatre véhicules sortent de la carlingue du ferry, à vive allure, et disparaissent aussitôt sur la piste grise et noire. Bordée par une végétation luxuriante et humide, la route continue vers Chaiten en suivant une vallée aux flancs encaissés, envahis par la forêt australe de plus en plus dense et inquiétante. Une rivière venue de la cordillère coule en un torrent impétueux, passant pourtant presque inaperçu sous un tunnel d'arbres et de verdure. Au bas du fjord, à l'endroit où la vallée débouche sur la mer, Caleta Gonzalo ne ressemble même pas à un village chilien. Ni église, ni mairie, ni place d'armes, rien qu'un groupe de cabanes, blotties les unes contre les autres, tel une famille d'oiseaux hivernaux désireux de ne pas se perdre de vue. Les murs, les toitures, les portes, les fenêtres, les barrières, les passerelles d'accès, tout est en bois, en planches, dans le style typique de la Patagonie. Une des maisons abrite un centre d'information, une autre un petit restaurant aussi chaleureux, comme j'ai pu le constater, qu'une auberge au Québec. Créé pour servir de porte d'entrée au parc Pumalin, ce hameau représente l'avant-poste d'un immense sanctuaire de la nature, contrôlé et habité par le milliardaire écologiste. Il n'y a ni gardes, ni *rangers* habillés comme des scouts, pas de feux rouges, nul commerce, même pas un habitant. Pas une âme. Rien. Rien que la forêt, omniprésente, qui gouverne la vie, imposant sa loi au paysage et aux hommes. Les Chiliens l'appellent *El bosque nativo*. Autour de Caleta Gonzalo, du pied au sommet des montagnes, s'étend à perte de vue une jungle froide, humide, luxuriante, impénétrable. Une forêt touffue dans une région fraîche et océanique, une forêt tropicale sans tropiques, une sorte d'anomalie de la nature ! Je comprends mieux à présent ce que Pablo Neruda a écrit sur cette partie du monde : « On entend dire quelquefois que le Chili est le bout du monde. Cet endroit capitonné par la forêt vierge, cerné par la neige et les eaux des lacs, était vraiment l'un des derniers "bouts" habitables de notre planète. » La nuit tombe. La traversée a duré cinq heures. Le bruit d'une sirène retentit dans le fjord, annonçant le départ du dernier bateau. Puis un grand silence entoure Caleta Gonzalo. Je fais quelques pas sur la piste, pour rejoindre ma cabane qui porte un nom d'oiseau crieur : Chacao.

C'est la chambre la plus agréable, la plus chaleureuse de mon périple. Hormis les lampes et quelques points de décoration, tout provient du bois. Une échelle accède à une mezzanine communiquant avec une petite fenêtre qui donne sur le fjord aux eaux plombées. Sous la silhouette imposante des montagnes, on entend un ruisseau couler derrière la cabane, caché par un enchevêtrement de plantes et de fougères géantes. Aux nouvelles locales, Tompkins a appelé à voter pour Lagos, le candidat social-démocrate.

L'écoroyaume de Douglas Tompkins

Une pluie fine tombe d'un ciel bas et nuageux et le fjord semble avoir été recouvert par un voile de grisaille. Au restaurant de Caleta Gonzalo, je retrouve le couple de musiciens rencontré la veille pendant la traversée. Café du Brésil, mais le miel provient de la ferme expérimentale du parc Pumalin. Trois personnes bavardent autour d'une table ronde en bois. Une jeune journaliste du magazine *La Tercera* pose des questions à un homme d'une cinquantaine d'années qu'un photographe, coiffé comme un poète de l'âge d'or, mitraille avec son appareil japonais. C'est Douglas Tompkins. Il porte des bottes en caoutchouc et une chemise à carreaux. Il a un grand front, un nez droit, des yeux enfoncés dans le visage, un regard brillant, mais une expression quelque peu introvertie. Sa silhouette évoque plus un écrivain aux champs qu'un magnat californien. Plus Daudet que Ford. Ses cheveux blancs légèrement bouclés sur les côtés lui donnent l'allure d'un gentleman-farmer, d'un éternel adolescent, frondeur et intempestif, incapable de vieillir. Un œil fixe, grand ouvert, qui vous regarde, et un autre qui semble absent, à moitié couvert par une paupière abaissée. Il a fait fortune avec *Esprit,* une ligne américaine de vêtements. Puis, un beau jour, lassé de son existence de *businessman,* il a vendu son empire commercial, ses tableaux de maîtres, sa maison de Lombard Street à San Francisco, quitté sa femme et ses enfants, pour s'en aller au Chili et mener une autre vie. En survolant à bord de son avion privé ce pays andin qu'il connaît depuis sa jeunesse, l'homme d'affaires épris d'écologie a redécouvert la Patagonie. Frappé par la beauté sauvage de la région au sud de Puerto Montt, il décide de se fixer à Caleta Gonzalo et d'y acheter des terres. Les prix sont si bas qu'avec sa fortune il parvient à acquérir en quelques années près de 250 000 hectares de forêt australe, de volcans, de glaciers, de montagnes et de lacs. Il s'installe alors dans un grand ranch en bois, au fond d'une vallée, et jette les bases d'un vaste projet de protection de la forêt. Grâce aux millions de dollars amassés au cours de son existence antérieure, Tompkins a trouvé à Caleta Gonzalo le lieu qu'il cherchait depuis toujours pour renaître et réaliser son utopie sylvestre. *This is the place*. Il a changé de vie, s'est transformé en écologiste de terrain, consacrant l'essentiel de son temps à construire cet immense sanctuaire de la nature entre la cordillère des Andes et l'océan Pacifique. Le projet Pumalin a suscité une violente polémique au niveau national. Les pires accusations ont été lancées contre lui. On lui a reproché de mettre en péril l'intégrité territoriale de la nation chilienne, de vouloir couper le Chili en deux en étant capable de vendre sa parcelle géante au voisin argentin. Retranchée derrière la cordillère des Andes, l'Argentine ne rêve-elle pas en effet d'un couloir d'accès direct à l'océan Pacifique ? On le soupçonna aussi d'être un agent de la CIA en Amérique latine. Des politiciens prirent peur à l'idée qu'il puisse faire de sa réserve un complexe touristique sur le modèle des *resorts* américains. Des rumeurs incroyables disaient même qu'il allait enterrer des déchets nucléaires dans son domaine. Des attaques antisémites firent de lui une caricature de Juif américain à la recherche de la Terre promise. Les plus méchants prétendirent qu'il rêvait de constituer un immense kibboutz pour y recevoir une colonie d'immigrants venus d'Israël. Pffff! Calomnies ! Partisan de la *deep ecology*, la philosophie de l'écologie profonde prônée par le Norvégien Arne Naess, un professeur de l'université d'Oslo, Tompkins affronta ses détracteurs, se défendant d'être un *gringo* sans foi ni loi. Pour faire amende honorable et prouver le bien fondé de son action, il négocia un accord avec le gouvernement chilien et créa une fondation de droit chilien, assurant que son domaine privé ne peut en aucun cas être vendu à l'Argentine. A sa mort, le parc reviendra donc au Chili. Pour Tompkins, la forêt australe chilienne, très menacée, mérite d'être sauvegardée, non pas pour le bien-être des hommes d'aujourd'hui, mais pour le salut de la nature elle-même. Comme si pour lui la nature était une personne physique, avec une âme. Au cœur de son combat : la protection des *alerces* (nom scientifique : Fitzroya cupressoides), des arbres majestueux qui peuvent atteindre mille, deux mille et parfois trois mille ans d'âge. Bien que alerce soit le mot espagnol pour désigner le mélèze, au Chili et en Argentine, cet arbre exceptioonnel n'a rien à voir avec un vrai mélèze et se rapproche plus du sequoia par sa taille et sa longévité. S'il replante des *alerces*, Tompkins ne le fait pas pour faire plaisir à la génération actuelle, ni à la suivante. Il voudrait délivrer un message prophétique aux générations d'un futur très lointain, celles qui vivront dans la moitié du troisième millénaire. Son message est le suivant : la forêt australe chilienne appartient au patrimoine de l'humanité et à l'histoire du monde au même titre que la Grande Muraille de Chine ou le cratère du Ngorongoro en Tanzanie. A ce titre, ces *alerces* majestueux méritent autant de considération que des monuments historiques ou des villes d'art.

Rencontre avec des arbres remarquables

L'entretien avec les journalistes chiliens s'éternisant, je sors et emprunte un sentier qui s'enfonce dans la forêt à flanc de montagne. Au bout de quelques mètres, la luminosité diminue. Le fouillis des branches et des feuilles est si dense, l'humidité si présente, que j'ai le sentiment d'être une fourmi au fond d'un vase. Au cœur de cette forêt pluvieuse de zone tempérée, les racines noueuses des arbres affleurent dans la boue du sentier, comme l'ossature de bois d'un monde englouti. Je me mets à récolter quelques feuilles découpées comme des œuvres d'art. Une phrase de Neruda me revient à l'esprit : « Et chaque feuillage linéaire, frisé, branchu, lancéolé, a un style différent, comme coupé par des ciseaux aux mouvements infinis… Le silence est la loi de ces feuillages. » Evidemment, il pleut. Une pluie fine, un crachin patagonien capable de transformer des natures solides en choses liquides. *Esta chispeando,* disent les gens d'ici au sujet de cette pluie poussière, pour la différencier de la grosse pluie, *el temporal.* Les fougères géantes bouchent parfois le passage et il convient de se baisser sous une voûte pour pénétrer plus avant dans ces ténèbres. Les troncs des arbres sont couverts d'une épaisse couche de mousse spongieuse, comme de petites algues vertes et brunes. Certaines de ces mousses, plus longues, pendent comme de lugubres chevelures de Gorgones.

L'embrouillamini végétal, les kyrielles de bambous, les familles d'arbrisseaux, les branches tordues et enroulées en spirale, ces sous-bois suintant d'humidité composent un univers inextricable et lascif. Il y a quelque chose de sensuel dans la manière dont les plantes se serrent les unes contre les autres. La soupe végétarienne première de la création du monde a été mijotée, c'est sûr, dans cette forêt australe, mais il faut la consommer froide. Ce n'est pas l'Amazonie. Un lutin facétieux aurait surgi d'un taillis en me lançant : « Un, deux, trois, tu n'es qu'un poisson rouge dans un grand bocal vert », je l'aurais cru sur le champ. Caché dans l'obscurité verte des fougères géantes, un *chacao* pousse un cri insolite. Je le cherche en vain dans des trouées plus claires, mais rien ne se distingue au-delà de quelques décimètres. Ce chaos chlorophyllien est pourtant secrètement ordonné. Au-dessus de cette galerie dégoulinante de pluie, par-delà ces chevelures végétales glissantes, des fusées s'élancent, droites et sveltes, comme des pieux immenses, au-dessus de la mêlée sauvage : les *alerces*, les rois de la forêt australe. L'*alerce* n'est rien d'autre que la version australe et chilienne du séquoia californien. A sa base, son tronc ressemble à un gros pilier. De là où je suis, il est presque impossible d'en apercevoir le sommet. Les premières branches n'apparaissent qu'à partir d'une dizaine de mètres, parfois plus. Plus haut encore, d'autres branches se découpent dans le ciel gris, comme des bras courts, robustes et difformes. Une brume vaporeuse enveloppe les derniers étages de ces monstres de la nature, aussi vieux que le monde. Quand, huit ans après le passage de Magellan, Alonzo de Camarguo a aperçu pour la première fois, en février 1540, les côtes du Chili et celles de l'île de Chiloé, ces *alerces* étaient là. Rien n'avait changé non plus depuis le passage en 1831 de Charles Darwin. Embarqué à bord du *Beagle* commandé par le capitaine Fitz Roy, le jeune naturaliste anglais longea les côtes de la Patagonie et du Chili austral pendant de longs mois pour y recueillir une masse impressionnante d'informations scientifiques. Suite à ce voyage de jeunesse, il élabora sa théorie de l'évolution des espèces qui révolutionna nos idées acquises. Dans son récit *Voyage d'un naturaliste de la Terre de Feu aux Galapagos,* il note : « On voit de toutes parts d'immenses fougères élégantes et des graminées arborescentes qui enveloppent les arbres dans une masse impénétrable jusqu'à une hauteur de 30 ou 40 pieds au-dessus du sol… La variété des espèces de mousses, de lichens est chose tout à fait extraordinaire… Le *chacao* fréquente les endroits les plus sombres et les plus retirés des forêts humides. Quelquefois on entend son cri à deux pas de soi… mais on ne l'aperçoit pas. » Le *chacao* pousse trois cris distincts. Le cri *chiduco* est un présage de bonheur. Un autre, le *huitreu*, est un très mauvais présage.

J'opterais plutôt pour le *chiduco*. On m'a donné quelques explications : « Ceci est un des derniers refuges de l'*alerce* chilien, un arbre exceptionnel classé monument national. Soyez respectueux. Ne prenez pas de bois, n'arrachez pas l'écorce. »

Car l'*alerce* Lahuen (*Fitzroya Cupressoides*) est l'espèce la plus rare, et est capable de vivre trois mille ans. Le parc Pumalin, créé par Tompkins, au nord de Chaiten et au sud de Puerto Montt, a donc vraiment sa raison d'être. On y trouve la plus grande concentration d'*alerces* qui soit en Amérique latine, donc au monde. Et cette communauté sylvestre unique est désormais menacée de mort, menacée par les hommes des entreprises forestières.

Le sentier devenant trop boueux, demi-tour. En sortant de ce tunnel de verdure, j'aperçois Tompkins qui sort de son entretien avec les journalistes. Il émerge d'un autre tunnel, celui de la presse et des médias, qui peuvent être ses pires ennemis aussi bien que ses meilleurs alliés. Je me présente et il accepte que je fasse un bout de chemin à ses côtés, tandis qu'il se dirige vers son petit avion privé pour rejoindre son ranch, de l'autre côté d'une énorme montagne tombant dans le fjord aux eaux grises. Son projet n'est pas le fruit d'un rêve d'enfance. Il a passé ses premières années dans un trou de l'Ohio, près de sa mère, pendant que son père se battait en France contre les Allemands. Puis il a vécu à New York et à San Francisco. Son projet de parc privé n'est pas issu d'un coup de foudre pour la région, mais d'une prise de conscience des menaces pesant sur la forêt australe. Il m'avoue aimer particulièrement la *deep ecology,* l'écologie profonde d'Arne Naess. Pour lui, les Scandinaves sont plus avancés dans le domaine de la protection de l'environnement que les autres pays d'Europe.

« En France, vous êtes en retard », me dit-il en souriant. Je lui demande de préciser sa pensée. Il me répond que les Français sont trop anthropocentriques et qu'il n'existe pas au pays de Rousseau et de Sartre de réels philosophes de l'Environnement. La France compte des Humanistes. La France c'est l'Humanisme. Mais rien de comparable avec les pays du nord de l'Europe dans le domaine de l'écologie. Il y a bien des penseurs en France, mais leur pensée est trop abstraite, trop coupée de la réalité. C'est vrai le Français utilise beaucoup trop de papier pour aimer vraiment les arbres.

— Pour faire ce que je fais ici, il faut être collé au réel, tous les jours, et vivre à l'orée de la forêt menacée, comme un gardien vigilant, presque un cerbère.

Etrange gardien, me dis-je, que ce milliardaire polyglotte, coiffé d'un béret basque qui lui donne l'allure d'un simple paysan. Je persiste, lui demandant si son projet est réalisable en France.

— Non, chez vous, c'est trop petit, toutes les terres sont prises, et déjà achetées.

En discutant sous la pluie fine, j'observe son visage. Une paupière couvre la moitié de son œil droit, l'autre est ouverte comme un volet sur un regard sombre et brillant. Il y a en cet homme hors norme un mélange de simplicité, de grandeur, d'utopie et de sens pratique. Homme de plein air, alpiniste, voyageur et baroudeur. Homme d'argent, habité par le génie des affaires. Ecologiste sincère et combatif. Visionnaire introverti. Altruiste de la forêt australe chérissant les *alerces* autant que les êtres humains. Un Janus non pas à deux visages mais à plusieurs visages. Pourquoi Douglas Tompkins n'en aurait-il pas plusieurs ? Ici, il a inventé l'idée d'un royaume personnel, protégé des turpitudes du monde. C'est bel et bien un royaume d'utopie. Une sorte de sanctuaire acheté grâce à sa fortune mais voué au bien commun des hommes. Pour sauver la beauté du monde et le *wilderness,* il faut donc vivre avec ce monde-là, à ses côtés, et non loin de lui. Son existence en est la vivante illustration. Pas question de se retirer dans une retraite dorée entre Big Sur et Carmel. Sa pensée ressemble à une utopie en marche. Il ramasse un mégot qui traînait sur le sentier et me donne quelques noms de personnes à rencontrer sur la Carretera Austral, ainsi que ses conseils pour aller jusqu'au bout de la route. Il me recommande Ursula Flack, une amie qui tient l'Hosteria Aleman à Puerto Puyuhuapi, Christina Reid à Puerto Bertrand et Peter Hartmann à Coihaique. Il me conseille aussi de prendre connaissance des recherches de Philippe Grenier, un universitaire français de Grenoble, auteur d'un livre dénonçant la mainmise des entreprises transnationales sur la Patagonie chilienne, un ouvrage critique et décapant. Son titre en dit plus que tous les discours : « Des Tyrannosaures dans le paradis ». Pressé par le temps, Tompkins s'en va. Sa silhouette se découpe sur la piste noire et caillouteuse, environnée par les montagnes et les forêts. Avec son béret basque et ses bottes en caoutchouc, le plus puissant écologiste du monde rentre chez lui – en avion – pour déjeuner. Je n'ai ni terres, ni béret, ni bottes, ni avion, comme lui j'ai faim.

Il pleut encore. La Carretera Austral ressemble à une ligne de terre mauve et sombre, presque noire. La grande piste du sud a l'âme bien obscurcie. En marchant, seul au milieu de la chaussée, j'entends un bruit de pédalier. Deux cyclistes arrivent à ma hauteur, l'un jeune et blond, le regard naïf et rêveur, l'autre d'âge mûr, le sommet du crâne dégarni, un nez aquilin, avec une expression plus rusée dans un visage dominateur, sûr de lui. Il y a du pirate et du rebelle en cet homme-là. Le premier vient d'Utrecht en Hollande, le second de Barcelone. Ils se sont connus sur la route, par hasard. Je remarque le ciré jaune du cycliste espagnol, qui porte la marque Patagonia. Les deux comparses paraissent unis dans le même effort contre le vent et la pluie. L'adversité les a réunis, mais leur pire ennemi, ce n'est ni le climat, ni la difficulté de la piste, mais un sentiment envahissant et terrible : l'ennui.

« La route m'ennuie, a écrit Chateaubriand, j'aime seulement le voyage à cause de l'indépendance qu'il me donne. » Le célèbre Malouin n'aurait pas démenti ses propos en cheminant sur la Carretera Austral. Sur leurs bicyclettes chargées de gros sacs, ces deux voyageurs n'ont pourtant pas l'air de se morfondre devant une pareille monotonie. Au contraire, ils forment une sorte de duo chevaleresque et souriant, ricanant sans cesse, se moquant de tout. Ils me font penser à deux personnages de bande dessinée, deux Dalton gaffeurs et intrépides. Le chef de bande, capitaine corsaire et hargneux, conduit l'expédition, rassurant son acolyte moins expérimenté. On parle un peu, puis je les quitte et continue à marcher, dans la vallée envahie par les ombres de la forêt. Parfois, je m'imagine quelque part en Scandinavie ou en Russie. Je déambule sous la pluie pendant deux grandes heures, sans croiser âme qui vive. La pluie aiguille transformée en pluie poussière, elle m'est plus facile à endurer, sous ma fine cape imperméable.

Sont-elles encore des gouttes ? Les particules sont si légères, si fines, qu'elles semblent tomber d'un invisible vaporisateur céleste. Je n'aurais pas été étonné de les voir stagner dans l'air, comme retenues par le manque de souffle. Ce soir-là, le ciel n'a plus d'énergie pour damer le pion à la terre. La pluie a changé d'identité, elle est devenue du saupoudré d'eau en suspension sur la tête des vivants. Une poudre d'eau en somme, plus qu'une pluie authentique. La Patagonie chilienne a parfois des élégances climatiques sidérantes! Les treize kilomètres du retour me paraissent courts. Soudain, de nouveau, le cliquetis des pédaliers. Deux taches bleue et jaune de cirés dégoulinants, deux taches qui se précisent. Les deux cyclistes me doublent, têtes baissées, couverts de boue, leurs gros mollets gonflés par l'effort. Ils font un arrêt. Le plus difficile pour eux: la pluie. « Il pleut tous les jours. » Ils sont enthousiasmés par le site de Caleta Tortel. Ma marche solitaire et pluvieuse dure deux heures, leur voyage deux mois. Mais ils me regardent comme si j'accomplissais un exploit.

— Treize kilomètres et tu vas à pied!

— Oui, leur dis-je. Avez-vous lu Jean-Jacques Rousseau?

Ma question, bien que très inactuelle, ne tombe pas comme un cheveu sur la soupe.

Cette phrase, je l'avais apprise par cœur l'année du bac: « Faire route à pied par un beau temps dans un beau pays, sans être pressé, et avoir pour terme de ma course un objet agréable: voilà de toutes les manières de vivre, celle qui est la plus de mon goût. » Je me retrouve assez bien dans ces mots, hormis le beau temps évidemment. Voyager est aussi une manière de vivre sans attaches et d'aller à la rencontre des autres, d'écouter le récit de vies banales ou d'incroyables destins. A condition de transformer, le moment venu, cette errance en art. Le plus âpre des combats, n'est-il pas celui-là? La forêt australe, les fjords, les montagnes, les glaciers, l'océan

Pacifique, les canaux interminables, les démons et les merveilles de la Patagonie appartiennent à la nature, alors que l'écriture est un art. Passer de la forêt au fjord est plus facile que de passer du monde à la littérature voyageuse.

La nuit australe enveloppe Caleta Gonzalo dans le fond du fjord, où une petite lumière perce l'obscurité, une fenêtre des cabanes. Le silence mérite un qualificatif approprié, car il n'a pas la même valeur ici qu'ailleurs. Il est splendide et inquiétant. Comment dire, c'est un silence qui se tait.

La sirène du bateau me sort d'une douce rêverie. Sur le quai, un groupe d'hommes s'amuse à regarder des dauphins qui plongent autour de la coque du ferry. Des Allemands de Munich qui font des recherches en biologie marine et qui semblent être comme des poissons dans l'eau au milieu de ce paysage. Un hélicoptère apparaît dans le ciel, se stabilise à quelques centimètres du sol tout en maintenant son rotor en marche. Quelques secondes plus tard, il s'élève bruyamment dans les airs, arrachant du sol une grosse pièce métallique fixée au bout d'un câble d'acier. L'engin volant se dirige vers un flanc inaccessible de la montagne afin d'y déposer cette pièce pesante mais nécessaire à la réparation d'une turbine électrique en panne. Ces travaux coûteux sont-ils financés par Tompkins ? Dans son écoroyaume patagonien, il n'y a presque rien, mais tout est possible. Un avion et un hélicoptère sont prêts à décoller à tout instant, pour servir l'écologie profonde, pour sauver la forêt australe, pour sauver le monde en somme. Du moins je l'espère.

III

LES CELTES PATAGONS DE TREVELIN

Nul lieu n'est impénétrable pour quiconque
est animé d'une foi sincère.
Voyages de Fas-hien dans les Royaumes bouddhiques

Derrière les vitres embuées du bus pour Chaiten, les montagnes et la forêt australe récitent une même litanie intitulée l'immensité. Pourtant il suffit d'un détail pour que l'échelle humaine de cette grandeur apparaisse quand même nettement : un bûcheron de passage sur le chemin, un garde-forestier là-bas, et le tout prend soudain l'aspect d'un décor de peinture romantique du XIXe siècle avec une silhouette humaine sombre et de dos au premier plan. Alors, la montagne n'est plus inhumaine, la voilà mesurée à la taille de l'homme, aussi petit soit-il. Cela est rassurant. La victoire électorale du candidat social-démocrate suscite maintenant une telle euphorie parmi les passagers que la joie déborde. Je suis aussitôt associé à cette explosion d'allégresse collective et détourné de la gravité solennelle du paysage. Des mains se serrent. Des bras s'enlacent. Des cris fusent. Des faces rubicondes ouvrent leurs bouches pour sourire, pour rire. On s'embrasse, on hurle, on se tape dans le dos. Des passagers assis à l'arrière du bus n'ont de cesse de répéter à qui mieux mieux : « nous avons gagné. » On est dans le 10 mai 81 artisanal. Une bouteille de *pisco* circule et finit par arriver à hauteur de mon nez. Je ne peux pas la refuser. J'en bois une rasade. Ce geste d'un voyageur étranger et solitaire provoque l'hilarité de mes voisins. L'un d'eux me demande d'où je viens, l'éternelle question. Je réponds et lui retourne la question. Il s'appelle Arseño Barientos Baria, la cinquantaine burinée. Il se rend à Chaiten pour fêter la victoire électorale, depuis son village d'Ayacara situé sur un îlot au large du fjord Renihue. Il raconte qu'il aime sa maison plus que tout, avec ses murs en bois d'*urma* et de *tepa,* et une toiture bardée en bois d'*alerce*. Ses parents, des pionniers de l'île de Chiloé, l'ont construite de leurs propres mains. Pourquoi sont-ils venus vivre dans un lieu aussi sauvage ? *Para colonisar el lugar,* pour coloniser l'endroit, me dit-il. Quand son père a débarqué, l'îlot entouré par la mer consistait en une colline envahie par les arbres. Sa destinée liée à l'eau et aux arbres le conduisit en Argentine où il devint négociant en bois, du temps des bateaux à voiles chers à Francisco Coloane. Plus tard, il devint *alcalde de mar maritimo,* c'est-à-dire le capitaine du port d'Ayacara. Malgré son éloignement et la rudesse des conditions de vie, une cinquantaine de familles s'y étaient fixées. A vrai dire, pour lui, Ayacara ne formait qu'une seule et même famille d'îliens. La petite colonie se développa comme la chair d'un fruit autour de son noyau dur. Une poste, une chapelle, une école, deux *carabiñeros,* et voilà qu'un nouveau village avait vu le jour sur la carte du Chili. Naguère le bateau y faisait escale une fois par semaine. Quand sa silhouette se dessinait à l'horizon, la famille Baria levait les bras au ciel en signe de bienvenue, tels des naufragés volontaires enfin sauvés de la détresse, sinon de la solitude.

Dans son enfance, Arseño allait chercher l'eau dans le torrent qui passait derrière sa maison. *Un rio chiquito,* un tout petit ruisseau, un ru, ni plus ni moins. Aujourd'hui, le village reçoit l'électricité et des avions atterrissent sur une piste en terre. Les pêcheurs pêchent des *congrios,* des *merluzas* (colins) et vendent des algues marines à des entreprises qui en font du savon. Je lui demande ce qu'il pense de Douglas Tompkins : « Il aide beaucoup les familles. Ce que ne font pas les gens du pays, Tompkins le fait avec son tracteur, seul, et la nuit. » Il ajoute : « Si Tompkins vend ses terres à l'Argentine, le Chili sera bel et bien coupé en deux et notre puissant voisin aura un accès à la mer. » Le spectre du corridor argentin coupant le territoire chilien pour accéder au Pacifique n'a donc pas été inventé par la presse. Il s'agit d'un scénario cauchemardesque, redouté par beaucoup de Chiliens, un mauvais roman de fiction où l'héroïne serait la souveraineté nationale menacée par un conquistador d'un genre nouveau.

Un autre de mes voisins s'appelle Carlos Salvarado. Moustachu, vêtu d'une simple veste, une quarantaine d'années. Charpentier à Ayacara, il est né à Contao et a appris son métier à Santiago. On parle de la route australe, colonne vertébrale de ce grands corps longiligne et osseux qu'est le sud du Chili. *La mas cara carreterera del mundo,* rumine-t-il, la route la plus chère du monde ! La main-d'œuvre a été sous-payée et de nombreux prisonniers politiques à l'époque de Pinochet y ont effectué des travaux forcés. Les arbres ? L'*alerce* constitue pour lui le meilleur bois du monde.

— Ça ne me plairait pas de couper un *alerce*! C'est un monument naturel. C'est la vie.

Et voilà Chaiten. Chaiten est une petite ville quadrillée comme les bourgs fondés par les pionniers du sud du Chili. Une dizaine de rues parallèles d'un côté, et seulement cinq ou six de l'autre. Elle représente la bourgade chilienne australe par excellence, au physique comme au caractère. La montagne, la rivière et la mer, et entre ces éléments donnés par la géographie : une communauté de quelque trois mille trois cents âmes. Au centre de ce gros bourg, la place centrale avec les institutions obligatoires, les immeubles de la *municipalidad* et l'église. Un commerçant habitant Osorno, originaire de Chaiten, parle des courants migratoires de cette région. Une partie des migrants est venue de la cordillère des Andes, et les autres sont arrivés par la mer. Chaque migration a apporté ses coutumes particulières, qui se maintiennent malgré les inévitables mélanges. Mosaïque plus que melting-pot.

— Ceux de la cordillère et de la pampa sont plutôt des éleveurs. Ceux de la mer des pêcheurs.

A Chaiten, l'été ne dure que deux mois. Les dix autres mois se résument à ces trois mots : hiver, pluie, froid.

— Il pleut souvent toute une journée, parfois plusieurs jours, parfois même toute une semaine. La pluie tombe, pénètre la terre, sans jamais provoquer d'inondation. Ce n'est pas comme au Venezuela. Il n'y a pas besoin de garder l'eau de pluie. Nous avons suffisamment d'eau potable venue des montagnes.

Chaiten n'est pas non plus située dans une zone sismique. Ses habitants ne connaissaient pas les tremblements de terre. Je le questionne sur ma prochaine destination : Futaleufu.

— C'est un endroit superbe qui a été fait pour plaire à Dieu. Les Gallois n'y vivent pas. Ils habitent à Trevelin et à Esquel, de l'autre côté de la frontière, en Argentine.

Un homme âgé s'approche, coiffé d'un chapeau noir à large bord. Il porte une veste et un pantalon en toile de jean. On dirait un gaucho, un *cow-boy* andin. Ses moustaches sont blanches dans un visage tanné par le soleil, cuivré par le froid et le vent, ridé par le temps qui passe. Un australopithèque ? Non, tout simplement le vieil homme austral. Austral mais pas opithèque.

Je lui montre une plante collée dans mon carnet de notes. Il se met à rire. Non, ce n'est pas la *yerba loca,* mais la *yerba loça,* avec une cédille sous le c. Près de cette herbe, j'ai noté une phrase de Jorge Luis Borges : « Les oiseaux et les fruits appartiennent au monde de la nature, alors que l'écriture est un art. Passer des feuilles aux oiseaux est plus facile que de passer des roses aux lettres. »

Futaleufu n'est pas du tout un lieu fou

Les fougères à présent paraissent des naines comparées à leurs cousines géantes du parc Pumalin. La grande forêt australe est bel et bien derrière moi. Le bus pour Futaleufu a traversé une région où tout était moins dense, moins vert, comme si la nature, devenue indécise, désirait peut-être se passer d'arbres. Des secteurs entiers de la vallée ont été déboisés, replantés, pour obéir aux lois de l'utilitarisme. Des arbrisseaux tentent de redonner vie à ces étendues gagnées par l'industrie forestière. Les bas-côtés de la piste couleur sable n'ont pourtant pas été assaillis par les panneaux publicitaires. Du ciel gris et nuageux, aucune pluie ne tombe. Je me laisse porter par l'ordinaire du trajet en bus, observant un homme aux cheveux longs, une jeune fille, une fausse rousse, une autre vêtue de noir, un adolescent plongé dans le journal malgré les heurts du voyage, et au fond le *viejo* en jean qui somnole. De temps en temps, une voiture surgit en obligeant le bus à ralentir. Envahi par les herbes d'un champ, un fuselage d'avion, long d'une vingtaine de mètres, apparaît dans le paysage d'Amarillo. L'avant de la carlingue a été transformé en habitation. D'où vient ce morceau d'aéronef? Comment est-il arrivé ici? Qui vit là? Les hublots servent de petites fenêtres à cette étrange maisonnée. Cette carcasse récupérée symbolise le voyage immobile, elle évoque ces êtres en marge qui logent dans des wagons de trains désaffectés, ou des camionnettes sans roues. Et je songe à cet album de Tintin où un avion tombé dans les montagnes glaciales du Tibet sert de refuge provisoire à un petit groupe de survivants.

Portant à bout de bras sa couronne glaciaire et ses neiges éternelles sous un ciel argenté, le volcan Michimahue se dresse dans un amphithéâtre de montagnes aux couleurs noires. *Esta bonito el viento,* dit une petite fille. Oui, le vent était bon, agréable. Il ne souffle pas trop fort, il caresse: un vent d'ouest venu du Pacifique. Dans mon enfance, je n'ai connu en Bretagne que le vent d'ouest venu de l'Atlantique. Je ne suis pas arrivé par hasard en Patagonie chilienne. Le vent et la pluie appartiennent à mon histoire, et je les recherche à nouveau dans cet autre et immense Finistère sud-américain.

Les hauteurs humides deviennent vite des zones froides. Des langues de glace s'accrochent aux sommets des monts rocheux cachés par des nuages. Plus loin, apparaissent d'autres blocs glaciaires, plus compacts, teintés de bleu. C'est un bleu clair, issu de l'azur, un bleu ciel réfrigéré par la fraîcheur australe. Au lago Yelcho, un pont moderne et suspendu porte une croix en son centre. Comment désirer finir ses jours dans un tel endroit et le choisir comme ultime résidence après la vie? Le colonel Von Schouwen, qui dirigea les travaux de la Carretera Austral sous Pinochet, en a fait le vœu, selon la presse : il souhaite après sa mort que ses cendres soient répandues dans les eaux du lago Yelcho.

Pour la première fois un panneau indiquant *Ruta 7*. Le bus s'arrête, deux femmes et un enfant en descendent. Au-dessus, se dresse le Trono, une montagne encore coiffée de glaciers. Le bus repart en évitant de justesse un gros camion composé de deux énormes remorques, tandis qu'un panneau indique *Reduzca Velocidad*. Réduisez la vitesse ! Un passager à l'avant attache alors sa ceinture. A Villa Santa Lucia, un bataillon de soldats se livre à des exercices dans la cour d'une caserne appartenant à l'armée. Il y a quelque chose de dérisoire dans cette scène au pied des hautes montagnes. On aurait dit des soldats de plomb, un jeu d'enfants, des marionnettes. D'ailleurs, toute activité humaine dans cette partie du monde dominée par les forces de la nature paraît parfois vaine, bien que nécessaire au déploiement de la vie. Soit il s'agit d'un effort prométhéen et utile pour l'homme et la civilisation, soit d'une agitation inutile et contraire aux intérêts de la nature. Après Villa Santa Lucia, la route, plus étroite, traverse des paysages accidentés. De la masse verte de la forêt jaillissent des troncs solitaires et effeuillés, tels des piquets géants calcinés après avoir été frappés par la foudre. La forêt et la montagne laissent peu d'espace aux prairies ceinturées par des barrières en bois. Des fermiers y vivent, entre les Andes et l'océan : des Andins pacifiques. La brume de la mer volatilisée, le ciel est traversé par des nuages inoffensifs. Ce paysage évoque les montagnes Rocheuses d'Amérique du Nord. Cloué sur un strapontin, secoué par les trous et les bosses de la piste, j'arrive enfin à Futaleufu.

La bourgade consiste en quelques maisons nichées au pied de versants boisés. La place centrale, son gazon, ses bancs, ses bustes en bronze, le décor est le même qu'ailleurs dans ce pays. Autour de ce carré vert, tout paraît fait avec du bois : la petite église, les maisons, les palissades qui entourent les jardinets. Tout sauf les habitants, qui ne parlent pas la langue de bois. Beaucoup ont une histoire d'émigration, parfois douloureuse, à raconter. Les familles de Futaleufu sont venues qui de Pologne, qui de Lituanie, ou d'Italie et d'Allemagne lors de la Première Guerre mondiale, fuyant les combats. Pendant que l'Europe se déchirait, le long haricot longiligne et osseux qu'est le lointain Chili accueillait à bras ouverts des migrants menacés par le fracas des armes. Le Chili fut leur terre d'asile, leur terre d'avenir.

A présent, il me faut trouver une chambre. Je m'installe à l'hospedaje Carahue, calle O'Higgins. Je mange un mauvais sandwich dans une boutique-épicerie qui sert aussi d'agence de voyages. Les rayonnages de cette épicerie sont presque vides, comme si le village souffrait d'un manque de ravitaillement. Le sandwich ressemble à un faux sandwich en plastique pour dînette d'enfants. L'épicière, peu communicative, fait quand même preuve d'amabilité et téléphone à la pension pour savoir s'il y a de la place. Je lui demande le journal du jour, mais elle me répond que les deux derniers exemplaires du *Llanquihue* ont été vendus. Les élections occupent les premières pages des autres journaux et des magazines. La pension est une modeste maison avec des murs en rondins et en planches, où une dame toute en rondeur me conduit à la chambre. Dans la salle à manger, la télévision diffuse des images de la chaîne CNN en espagnol. Impossible de couper cette viande dure comme du cuir. Et dire que de l'autre côté de la frontière, à quelques kilomètres de Futaleufu, l'Argentine produit les meilleures viandes du monde!

La frontière du Chili et de l'Argentine

Je suis réveillé par les pétarades d'une tronçonneuse. Des hommes construisent la charpente en bois d'une maisonnette située dans un verger, derrière la pension. Cherchant à rejoindre Trevelin, en Argentine, je découvre qu'aucun bus ne s'y rend. Un homme d'une soixantaine d'années accepte de m'y conduire moyennant une certaine somme d'argent. A ce prix, on pourra y passer la journée. Il s'appelle Roberto Redlich Heinz. Métier: *chofer,* chauffeur. Des yeux bleus, des pommettes saillantes et hautes, le visage long et ridé, une allure de fermier nord-américain ou de paysan slave. J'embarque dans la benne métallique de sa camionnette. La route est la même piste rocailleuse et poussiéreuse, sans asphalte. Roberto conduit, les yeux braqués droit devant lui, fixant la piste. Son père était allemand, sa mère russe, née à Moscou. La famille Heinz avait quitté l'Europe en guerre pour chercher une vie meilleure en Amérique du Sud. Ils se fixèrent en Patagonie, là où il y avait de l'espace, des terres libres et à bas prix, et y trouvèrent la paix, la liberté, et les valeurs chères à Roberto. Carlos, qui nous accompagne, m'indique du doigt une grosse ferme en bois dans le fond d'une vallée.

— Quand les premiers pionniers arrivèrent de la pampa argentine, ils connurent des difficultés dans leur progression. Les habitants de cette *estancia* refusèrent de les laisser passer. Un matin à l'aube, les hommes prirent d'assaut la maison et tuèrent ses occupants. Seul un enfant parvint à échapper à ce massacre et à s'enfuir.

— Qu'est-il devenu ?

— Il s'est enfui vers la frontière.

J'imagine d'autres drames sous d'autres cieux où un enfant rescapé d'un massacre s'enfuit à toutes jambes. Qu'est-il devenu ce môme dont les parents refusaient l'hospitalité à des migrants ? Est-il lui-même migrateur à l'âge adulte ?

Nous arrivons à la frontière chilienne, une sorte de hangar couleur saumon. Des affiches montrent des photos d'enfants et d'adultes disparus, ainsi que leur identité. Formalités habituelles. Quatre cents mètres plus loin : la douane argentine. Une maison toute simple, avec des fonctionnaires aux visages plus latins que les Chiliens. Des descendants d'émigrés italiens ? Certainement. Roberto accepte de prendre un autostoppeur dans la benne arrière. Il porte des lunettes noires, et une grande cape imperméable l'enveloppe de la tête aux pieds. Un chapeau de scout cache quelques cheveux roux. Il n'est pas plus bavard qu'un kangourou, il écoute, il vient d'Australie.

L'Argentine ! Il y a quelque chose d'étrange dans cette frontière, limite administrative entre deux pays longtemps fondus dans un même ensemble nommé par les géographes anciens *Tierra Magallanica, de los Patagones y los Cesares,* les Terres Magellaniques, des Patagons et des Césars. Le tracé de la frontière entre le Chili et l'Argentine a été un casse-tête pour les géographes et les diplomates. Dès le lendemain de l'indépendance de ces deux nations (respectivement en 1818 et 1816) et tout au long du XIXe siècle, ce ne furent que tensions, menaces, risques d'intervention militaire. La signature, en 1881, d'un traité offrait un compromis fragile à peu près satisfaisant pour les deux pays. La cordillère des Andes servit de frontière naturelle sur près de 3 500 km, mais ni le Chili, ni l'Argentine n'obtinrent l'accès souhaité aux deux océans. On a établi un tracé à grand coup de sabre, sans se soucier des détails. Et à l'échelle de l'Amérique, un détail équivaut à des territoires immenses, grands comme des départements en Europe. Au Chili, le Pacifique, à l'Argentine, l'Atlantique. *Grosso modo,* on trancha ainsi. Et entre les deux, à la pointe extrême de l'Amérique du Sud, ce que Coloane appelle la « queue du continent », un partage territorial qui coupe la Terre de Feu en deux morceaux juxtaposés. Plusieurs erreurs géographiques et diplomatiques furent commises dans ce long et laborieux partage de terres sud-américaines, et dans le tracé des frontières, ce qui inspira à Don José Miguel Yrrazaval un livre très critique, paru en 1930. A quarante kilomètres plus au sud de Futaleufu, la région de Palena était encore disputée en 1965 par les Chiliens et les Argentins, sous l'arbitrage de la Grande-Bretagne. Du temps de la dictature de Pinochet, les deux pays étaient sur le pied de guerre. Il fallut faire appel au pape Jean-Paul II qui servit de médiateur « symbolique » entre Santiago et Buenos Aires. Au Chili, la moindre histoire des frontières représente un livre d'au moins cent pages !

Le moulin de Nant Fach

Le paysage et le temps changent à présent. Finie la pluie, oubliée la brume. L'air et la bise se montrent plus vifs, les nuages plus rares, les cimes des montagnes plus nettes. Entre des rebords lointains boisés, les champs et les prairies tapissent les fonds de vallée. Le vent sec fait vibrer les feuillages des arbres. Une pancarte indique Nant Fach Molino. Un autre écriteau : Trevelin. Des noms aux consonances celtiques, qui évoquent certains vieux noms bretons. Roberto connaît Don Vicente Evans, le propriétaire de l'estancia Nant Fach. Le *pick up* gravit un chemin de terre et s'arrête dans une cour de ferme, sur une colline entourée de bois sombres. A mi-pente, se trouve la maison de Don Vicente Evans, basse, toute en bois et en tôles. Une carcasse de voiture rouillée, datant des années 30, sommeille dans les buissons. Des chevaux et des vaches se prélassent dans des champs aux herbes jaunies, pliées par le souffle du vent d'est, le vent de la Patagonie. Comme au pays de Galles ou en Ecosse, plus les conditions climatiques sont rudes, plus les intérieurs sont chaleureux et confortables. La baie vitrée du salon donne sur une vaste plaine d'herbages bordée à l'horizon par la ligne noire des monts. Des taches vertes sur le fond jaune : des bosquets d'arbres, autant dire des rescapés. Ce n'est plus le monde humide des fjords, mais ce n'est pas encore l'aridité désolante de la Terre de Feu. A l'entrée de la maison, des vêtements de gaucho, des harnais en cuir, des cordes, posés sous une véranda abritée du vent. Don Vicente nous invite à nous asseoir. Il doit avoir une soixantaine d'années. Dans son visage de patriarche de la pampa, on remarque d'abord les sourcils épais, drus, charbonneux, comme des protections avancées au-dessus des yeux scrutateurs. Il a affronté des dangers dans sa vie, connu le meilleur et le pire de la Patagonie. Mais il n'est pas en train de jouer à l'aventurier : il est peu intimidant, car il parle vrai, vite et fort, avec une sûreté de ton et une attention particulière à ses hôtes. Il porte une chemise, un foulard autour du cou, un pantalon de cavalier en toile, et des bottes de cuir. Derrière cette aspect de gaucho argentin, on trouve à la fois l'esprit picaresque de Don Quichotte et la mémoire celte des pionniers gallois.

— Mon grand-père Thomas D. Evans (1847-1920) était gallois de Grande-Bretagne et il avait émigré en Argentine. Il abandonna le pays de Galles, laissant derrière lui les mines de charbon, la pauvreté, la maladie. Il s'installa d'abord à Trelew, sur la côte atlantique où vivaient de nombreux émigrants gallois. Il fut maître d'école, puis directeur. Artiste à ses heures, il composait de la musique. Très croyant, il fréquentait le temple protestant. Il épousa une Brésilienne. On parlait aussi portugais dans la famille. De cette union naquirent huit enfants. La famille quitta la côte et s'installa vers 1885 à Trevelin au lieu-dit Cwm Hyfrid, un nom gallois signifiant *valle hermoso,* la belle vallée. A l'époque, Trevelin n'était qu'un lieu perdu sur la carte de la Patagonie. Il fallait une vingtaine de jours pour y arriver, à dos de cheval ou en attelage, depuis Trelew sur la côte atlantique. Tout était encore envahi par les forêts. La terre n'appartenait à personne. Il y avait de quoi vivre, car l'eau coulait dans les rivières, et le climat y est tempéré. C'était beau mais rude, et parfois dangereux. Un de mes oncles fut dévoré par un puma à l'âge de sept ans. Mes ancêtres ont nommé l'endroit Trevelin, qui signifie le village du moulin. Du gallois *Tre*, village, et *Velin*, moulin. L'hacienda était immense mais incontrôlable. Un commerçant chilien passait une fois l'an pour acheter notre production de viande et de laine de mouton.

Seul le cuir de mouton se vendait bien. On s'éclairait au pétrole. L'électricité n'est arrivée que dans les années 60. A la mort de mon grand-père, le domaine fut divisé en cinq lots.

Le coup du puma m'avait donné des tremblements de vertèbres.

— Et votre enfance ici?

— Je suis né en 1928. J'avais dix frères et sœurs. J'allais à cheval à l'école, comme les autres enfants du voisinage. J'allais aussi à la messe à Trevelin, tous les dimanches et toujours à cheval. Aujourd'hui, on roule en voiture.

Don Vicente a eu trois enfants dont une fille qui vit à Ushuaïa, à l'extrême sud de la Terre de Feu. Un de ses garçons, Mervyn Evans, a construit le moulin à eau. Le moulin chez les Celtes n'est-il pas l'équivalent pratique de la cave chez les Bourguignons? Il a tout construit en un an et demi, sauf les portes et les fenêtres. A flanc de colline se dresse un chalet en rondins que l'on remarque à une grosse roue à aubes entraînée par le courant de l'eau captée dans les monts au-dessus du domaine. On croirait un moulin de conte de fées, une création de Jean de la Fontaine pour une fable champêtre sud-américaine. Un joujou à abriter Blanche Neige et ses sept nains. Mervyn me demanda de lui envoyer de la documentation sur un prix du Mérite agricole attribué à la province de Chubut pour la qualité de son blé (et l'ingéniosité de ses moulins à eau) lors de l'exposition de Paris en 1889. Nous saluons le maître des lieux avant de partir. Je retrouve Carlos et Roberto qui mangent des grains de blé arrachés aux plans dans un champ voisin. *La harina es buena,* la farine est bonne.

Bruce Chatwin cherchait Butch Cassidy

Plate, quadrillée par des avenues régulières qui se coupent à angle droit, Trevelin est la seule bourgade un peu consistante au cœur d'une plaine fertile, ponctuée de haies, de bosquets d'arbres et de prairies. Les rues secondaires sont en terre, seules les rues principales ont été asphaltées. Les murs des maisons ont été édifiés avec des briques, et non plus du bois. Au bord d'une grande avenue ombragée se tient le cinéma, le seul de la cité. Les habitants de Trevelin descendent pour la plupart de colons gallois, comme la famille de Don Vicente. La langue officielle est bel et bien l'espagnol, mais on continue à enseigner le gallois à l'école. Grattez l'argentin, vous trouverez le gallois, puis grattez le gallois et vous trouverez en dessous le vieux breton. Chaque année, le 16 octobre, une fête galloise – l'Eisteddfod – rassemble des foules, en souvenir de la fondation de la colonie, c'était un 16 octobre. Le musée de Trevelin s'appelle le musée de la Patagonie celte. On y vend des T-shirts *Patagonia Celta* où des motifs entrelacés s'enroulent autour des pattes d'un *huemul,* le cerf des Andes. Je remarque de nombreux objets dont un trône en bois sur lequel est inscrit : Bro Hydref. Sur une vieille carte, l'océan Atlantique s'appelle Mor y Werydd. L'auteur de la carte, un dénommé Llwyd ap Iwan, directeur de la Compania Mercantil de Chubut, fut assassiné le 29 décembre 1909 du côté de Arroyo Pescado par Wilson et Evans, deux *bandoleros norte americanos,* des bandits nord américains, connus dans la région comme charretiers et excellents tireurs. Les deux hors-la-loi appartenaient à la célèbre bande du Syndicat des Pilleurs de Trains, plus connue sous le nom de Wild Bunch et dirigée par Butch Cassidy. Entre 1901 et 1905, ces hommes, qui étaient parmi les plus recherchés des Etats-Unis, firent l'acquisition de cinq mille hectares de terres vierges à Cholila, à 80 km environ au nord de Trevelin, dans la province de Chubut. Ironie de l'histoire, la première question de Cassidy avant d'acheter ses terres : « Y a-t-il des bandits dans la région ? » C'est vrai qu'il savait de quoi ils étaient capables. Loin des polices nord-américaines et des agents de Pinkerton, les fugitifs vécurent comme d'honorables éleveurs dans leur ferme. Leur chef, Butch Cassidy, de son vrai nom Robert LeRoy Parker, était entouré de ses comparses, Harry Alonzo Longabaugh alias Sundance Kid, Ethel Place, sa compagne, une belle femme qui menait les hommes par le bout du nez, et bien sûr William Wilson et Roberto Evans. La Patagonie, immense et mal contrôlée, n'était-elle pas la cache idéale pour ces hors-la-loi nord-américains ?

Quand l'écrivain britannique Bruce Chatwin fit son grand voyage en Patagonie, il séjourna une quinzaine de jours à Trevelin. Hanté par l'histoire de Butch Cassidy, « qui occupait la première place sur la liste des criminels recherchés par l'agence Pinkerton », Chatwin remonta à la source des faits, passant des journées du côté de Cholila, « pays d'air pur et de grands espaces » comme l'Utah où Cassidy avait passé son enfance. Chatwin était catégorique, comme il l'a écrit dans son livre *En Patagonie* : « Butch Cassidy n'a jamais tué un seul homme. Ses complices par contre étaient des tueurs aguerris ; leurs crimes lui causaient des accès de remords. » Pour Chatwin, Cassidy avait été abattu par la police, puis enterré dans la colonie du 16 octobre. Selon une autre thèse, il aurait été pourchassé, se serait enfui en Bolivie, et c'est dans des mines, sous un faux nom, que le plus grand bandit de la belle époque aurait fini son existence.

Maracara, un cheval providentiel

A Trevelin, je suis allé rendre visite à Clery Evans, femme étonnante, d'origine galloise. Elle habitait une petite maison dans un pré verdoyant et fleuri, à laquelle on arrivait par une allée ombragée. Son père, Milton Evans, passa de longues soirées avec Bruce Chatwin à lui raconter les histoires du pays. Son grand-père, John D. Evans, avait été un des pionniers de Trevelin. Dans sa maison, Clery conserve tout, au nom de la mémoire. Le vieux fourneau à bois, la cheminée, les meubles anciens se tenaient déjà à cette même place du temps de John Evans.

— Mes arrière-grands-parents sont nés au pays de Galles. Ils quittèrent leur terre natale pour trouver asile en Patagonie. Ils traversèrent l'Atlantique en 1865 sur un bateau nommé *Mimosa*. Alors que John D. Evans traversait la pampa avec des compagnons pour reconnaître les terres vierges à l'ouest et y trouver de l'or, il fut pris en chasse par des Indiens tehuelches armés de lances. Trois de ses compagnons périrent. Evans parvint à s'enfuir et galopa jusqu'à ce qu'il s'immobilisât devant un ravin profond de quatre mètres. Il décida de sauter l'obstacle, avec son cheval Maracara. Celui-ci avait été surnommé ainsi à cause d'une bande blanche qu'il portait sur sa crinière frontale. Maracara a dû faire un bond si puissant qu'il se retrouva étalé dans la terre rocailleuse, de l'autre côté du ravin, les quatre pattes ouvertes comme un jouet trop lourd. Les Indiens n'osèrent pas en faire autant et cessèrent leur poursuite. Le cavalier gallois fut sauvé par le cheval Maracara.

Toute sa vie, John Evans resta reconnaissant à son cheval qui lui avait évité la mort. Quoique boiteux des quatre fers après une telle réception, il le vénéra jusqu'à ce qu'il disparaisse trente-deux années après cette poursuite. Les restes de l'animal furent enterrés près d'un rocher dans le jardin de la maison familiale, dans la colonie de Trevelin. Le Maracara devint ainsi un animal mythique et sacré dans le clan Evans : un saint quadrupède ! Milton, le fils de John Evans, décida de fouiller la tombe du cheval pour en déterrer les restes. Il en sortit un morceau d'os provenant des pattes de la bête. La relique fut déposée sur la cheminée de la maison-musée de Clery. Dans la cour, un gros rocher porte le nom du valeureux animal : c'est la *tumba del Maracara*.

Me voyant prendre des notes, Clery Evans me demande si je fais comme Bruce Chatwin qui s'intéressait à l'histoire de John D. Evans. Elle garde un souvenir mi-figue mi-raisin du passage de l'écrivain.

— Chatwin n'a pas écrit de bonnes choses sur nous. Il était talentueux, mais il a beaucoup exagéré. Il était un peu menteur, très capricieux et entêté. Si on disait à Chatwin, cette pierre est marron, il disait non, elle est rose. Pourtant elle est bien marron. Et il persistait : elle est rose. Mon père, Milton, lui avait raconté les histoires de la famille.

— C'était un écrivain et un grand voyageur, lui dis-je.

N'avait-il pas fait sienne cette phrase de Boris Vian « Cette histoire est vraie puisque je l'ai inventée » ? Et on sait bien que la vérité des poètes n'est pas celle des jours mais celle de la mémoire des jours.

Nous déjeunons au restaurant Estefania tenu par Anabel Chemin. Ses ancêtres sont des *mezclados* (sang mêlé). Un grand-père français de Boulogne-sur-Mer, un autre gallois, espagnol et basque. Elle me demande comment il faut prononcer son nom en français, puis nous reprenons la route de Futaleufu, en passant la douane chilienne à 20 heures moins 3 minutes, juste avant sa fermeture. Le *pick up* laisse derrière lui une traînée de poussière. Des cailloux percutent la carrosserie et le pare-brise, et aussitôt trois mains se posent simultanément sur la vitre avant pour la protéger d'un jet de pierres. Roberto et Carlos ont rapporté de la farine achetée à Trevelin et semblent contents car leurs femmes pourront faire du bon pain à la maison.

Les visions de l'explorateur Hans Steffen

Le ciel est parcouru par une meute désordonnée de nuages. Futaleufu dort encore quand le bus s'en va en direction de Villa Santa Lucia où je retrouve à nouveau la Carretera Austral. Les montagnes couvertes de forêts sombres entourent le village. Villa Santa Lucia consiste en une rue caillouteuse bordée de cabanes et de maisons en planches et rondins. L'armée chilienne y a installé une caserne qui remonte à l'époque de la construction de la route. Des guérites de couleur kaki en gardent l'entrée. Au pied d'une haute antenne, des paraboles métalliques se tendent vers le ciel comme des oreilles d'espion. Il y a une serre dans un terrain vague. Une petite église en bois, à la toiture en tôles vertes, porte l'inscription : *Cristo es la roca de mi salvacion,* le Christ est le rocher de mon salut. Des chevaux gambadent dans un pré. Les nuages s'étirent maintenant en grands lambeaux de vapeur grise flottant au-dessus des versants. On croirait que les sommets dégagent de la fumée. La route monte et descend, en suivant le relief des Andes, et toujours le même aspect gris et tourmenté. Elle est de plus en plus déserte : en trois heures trente de voyage, je dénombre seulement sept véhicules. Le chauffeur de l'autocar porte une casquette de service sur laquelle est écrit : *Carretera Austral General Pinochet*. C'est bel et bien le nom officiel de la *Ruta 7*. Il ne reste plus qu'un seul magasin de la Copec (station service) à La Junta qui vend encore ce genre de casquette. Dans les années 70, Pinochet craignait qu'une guerre éclatât entre son pays et l'Argentine dirigée elle aussi par un dictateur aux mêmes lunettes noires. Le dictateur chilien ordonna que le chantier de la route soit achevé au plus vite afin de faciliter les mouvement de troupes en cas de conflit. De nombreux prisonniers politiques y servirent comme travailleurs de force.

Ma voisine est une femme aux cheveux courts et bruns qui habite à Coyhaique où elle travaille dans une école pour enfants inadaptés. A côté, un curé en costume noir porte aussi une casquette sombre, sans inscription. Il est petit, voûté, réservé, peu loquace, et me fait penser à un curé de campagne sorti d'un roman de Bernanos. Sous d'énormes sourcils, son regard évoque un solitaire introverti et non un communiquant. La communion oui, la communication non. Telle est probablement sa façon de penser. A l'avant du bus, un jeune couple reste silencieux jusqu'à ce que le prêtre descende du bus. Une fois celui-ci parti, les deux oisillons s'embrassent en gloussant. Une aimable mamie occupe sa place. J'apprends qu'elle vient d'Argentine où elle vit à Comodoro Rivadavia sur la côte atlantique. Son fils est installé depuis dix-huit ans à La Junta comme employé par le gouvernement chilien. Elle vient dans la région pour la première fois.

— Je ne regrette pas le voyage, me dit-elle. Sur la côte, là-bas, il fait trop chaud. Et dans les bus argentins, il faut faire attention aux voleurs.

Un *gato montès,* gros chat sauvage, traverse la route. Il paraît qu'il y en a beaucoup dans la forêt. Un grand pont suspendu enjambe le rio Palena. Ce paysage austral n'a guère changé depuis le XIXe siècle. De décembre 1893 à mars 1894, Hans Steffen, professeur à l'Université de Santiago, a minutieusement exploré la région du rio Palena. Sur les cartes géographiques, de nombreux secteurs étaient encore indiqués par des espaces blancs sans nom : *territorios inesplorados,* territoires inexplorés. Steffen remonta la rivière Palena pendant quatre semaines, de son embouchure jusqu'aux montagnes les plus reculées. En route, il rencontra des Indiens pehuenches, croisa des mineurs anglais de Punta Arenas à la recherche d'or et une colonie de Gallois. Souvent, il s'égarait, perturbé par les pluies australes torrentielles. Avant lui, le dernier récit écrit sur cette partie du monde remontait à 1794 et au passage de Don Jose de Moraleda, envoyé en exploration par le vice-roi du Pérou. Moraleda n'était guère optimiste sur les chances de peuplement par la couronne d'Espagne de cette lointaine Patagonie. Malgré les vicissitudes de la nature et les rigueurs du climat, Steffen resta optimiste, et se fraya un chemin dans la forêt qu'il qualifia de très dense (*densisimo bosque*). Même en été, il éprouva les rafales de vent et la « fureur des tempêtes qui secouent le littoral de la Patagonie occidentale ». En descendant le rio Palena, à la confluence du rio Frio et du rio Carrileufu, sa barque manqua de chavirer dans une « série incessante de rapides ». Il parvint à reconnaître cette interminable « vallée longitudinale » qui s'étend au nord et au sud de la Junta, il marcha jusqu'au volcan Melimoyu (Cerro Melimoyo) qui culmine à 2400 m, non loin des fjords aux eaux sombres du Pacifique. La grande forêt australe du Chili n'a presque pas changé depuis Steffen. Dans les bois, poussent les mêmes *coihues,* les *alerces,* les cyprès, quelques *itei.* Les *huemules* (cerfs andins) et les *chacaos* se cachent dans la même obscurité.

Steffen a été un explorateur méthodique et appliqué, dont les observations serviront à ses successeurs. A force d'arpenter le terrain, il eut le premier l'idée d'une future route qui ouvrirait la région au monde extérieur. Dans son récit d'exploration paru en 1894, il notait ceci : « Nous sommes aussi de ceux qui pensons qu'au nord du rio Palena on pourrait construire une route jusqu'au rio Frio… Si le gouvernement pense sérieusement utiliser les vallées de la cordillère pour la colonisation, une nécessité s'impose de construire une route dans le secteur nord, car la navigation sur le *rio* au nord du rio Claro est dangereuse. »

J'observe le rio Palena, que le tenace Steffen avait affronté et vaincu. Ses eaux, belles et menteuses, composent dans un mélange de bleu, de vert et de gris. A La Junta, la rivière décrit une longue courbe de forme régulière, dominée par les ténèbres de la forêt australe. Ses rives de galets portent des morceaux de bois échoués, des troncs calcinés, pourris ou desséchés, épaves naturelles, résidus de vie végétale broyés par la force du courant.

La Junta n'est pas un village mais un maigre agrégat de conscience humaine matérialisée au sein des arbres. J'avais déjà connu ce sentiment dans le désert de Libye en arrivant dans une oasis après une longue et pénible traversée. Ces forêts sans fin ne sont-elles pas un « grand désert vert », selon l'expression chère à Charles Darwin ? La rue principale est bordée des éléments vitaux, signe qu'il y a des hommes dans ce lieu, vivant, mangeant et dormant dans des baraques en bois. Le bazar-épicerie Mielito porte une grande inscription : *ropa americana y europea,* ici on vend des vêtements américains et européens. Une cabane en tôles grises abrite une petite agence de transports de fret et de passagers. Plus loin, les *carabineros* (policiers), l'église, et le seul hôtel de la localité, au nom prédestiné : *Hospedaje Espacio y Tiempo,* l'hôtel Espace et Temps. Non, ce n'est pas une plaisanterie pour voyageurs déprimés, mais la vérité brute imposée par la nature immense et la folle géographie de la Patagonie chilienne. Espace et temps ! Tout est résumé dans ce nom. A La Junta, ces deux mots ont toujours un sens. J'en déduis que le reste du monde et de l'humanité, tout ce qui n'est pas La Junta, croupit dans une auberge minable nommée Hôtel Entassement et Empressement ou bien Pension Plusdeplace et Dépêche-toi, ou je-ne-sais-quoi dans le même goût commercial.

Dans de vieux récits conservés à la bibliothèque du Musée de l'Homme à Paris, j'ai noté cette réflexion d'Annette Laming-Emperaire : « Il y aurait à faire une psychologie des habitants du bout du monde, ces êtres habitués à l'isolement, au détachement, à la rupture avec les autres communautés humaines, des êtres marqués par un climat dur et triste, accrochés à un paysage qui n'a pas encore eu le temps de s'humaniser. » A La Junta, je comprends le sens de sa réflexion et je l'approuve.

Trapananda et la Cité des Césars

Montagnes aux cimes enneigées, forêts impénétrables et humides, nuages gris, pluie fine… montagnes aux cimes enneigées, forêts impénétrables et humides, nuages gris, pluie fine… un paysage superbe mais répétitif. De l'espace et du temps répété à l'infini. Encore et encore. Comme toute terre infinie, la Patagonie chilienne est mieux accordée aux véhicules lents, comme ce petit bus bringuebalant qui se dirige vers Puerto Puyuhuapi. La vallée se resserre, entre des versants rocailleux. La rivière des Césars (*rio de los Cesares*), tombée des hauteurs glacées, a tracé sa route dans ce relief tourmenté et caracole jusqu'au Pacifique. La rivière des Césars ? Que font les empereurs romains dans cette galère, dans ce paysage volcanique, plus proche des fjords de Norvège que des jardins des patriciens de la belle Toscane ? Selon une légende locale, la forêt australe des Terres de Décembre cacherait dans ses montagnes inaccessibles une mystérieuse cité où tout n'est qu'or et pierres précieuses. On dit d'elle qu'elle aurait été fondée par des marins espagnols rescapés d'un naufrage. En s'enfonçant dans les bois depuis le lieu de leur échouage, ils auraient cheminé vers l'inconnu en emportant un fabuleux trésor, sauvé du naufrage. Selon une deuxième version, ces hommes seraient au contraire arrivés dépenaillés et démunis, ils auraient découvert au cours de leur errance la Cité des Césars, fondée et occupée par une tribu d'Indiens inconnus, les Cesares. Eblouis par tant de richesses, les Espagnols se seraient fait oublier du reste du monde, abandonnant tout désir de retour et coulant des jours heureux dans le secret d'une cité cachée quelque part entre les Andes et l'océan Pacifique. La rumeur se serait ainsi répandue.

« En 1570, » écrit Luis Sepulveda dans *Le Neveu d'Amérique,* « le gouverneur du Chili, don Garcia Hurtado de Mendoza, avait conclu avec regret que les rumeurs au sujet de grands gisements d'or et d'argent au sud de *La Frontera,* dans le territoire dominé par le mont Nielol, et d'où les Mapuches, Pehuenches et Tehuelches avaient entamé une guerre de résistance qui se prolongerait plus de quatre siècles – ils furent les premiers guérilleros d'Amérique – n'étaient rien de plus que des racontars fondés sur des supercheries. Don Garcia Hurtado de Mendoza n'éprouvait qu'un médiocre intérêt pour les métaux précieux… mais l'Espagne réclamait de l'or et de l'argent, si bien que don Garcia décida d'accorder quelque crédit aux rumeurs de richesses dorées et argentées. La soldatesque parlait d'un mystérieux royaume de Tralalanda, Trapalanda ou Trapananda, dont les cités étaient pavées de lingots d'or et les portes des maisons tournaient sur des gonds de pur argent. Certains allèrent jusqu'à affirmer que Trapalanda, Tralalanda ou Trapananda n'était rien moins que la mythique Cité des Césars, une sorte d'Eldorado austral. Enfin, les rumeurs soutenaient que ce royaume prodigieux s'étendait au sud du Reloncavi, à quelque mille deux cents kilomètres de la jeune capitale chilienne. »

C'est dans cet improbable royaume de Trapananda que devait se cacher la Cité perdue des Césars. Elle a été aux forêts australes, froides et humides du sud du continent, ce que l'El Dorado fut aux jungles luxuriantes et torrides de la forêt amazonienne. Un lieu mythique où l'or règne en souverain, gouvernant les cœurs et les esprits. Ceux qui firent main basse sur la ville de Cuzco, la capitale de l'empire Inca, ne pouvaient imaginer de tels raffinements chez les peuples des Andes.

Francisco Pizarro avait été ébloui par le faste des palais et des demeures de Cuzco où l'or recouvrait tout : arbustes en or, lapins en or, momies royales assises sur des trônes d'or massif. L'or avait été la grande affaire des conquistadores. « Nous autres, Espagnols, avouait Hernan Cortez, souffrons d'un mal que seul l'or peut guérir. » Pour Christophe Colomb, le paradis terrestre devait se trouver quelque part dans les Indes occidentales qu'il croyait avoir découvertes, ignorant qu'il s'agissait d'un nouveau continent. Le navigateur estimait que le fleuve Orénoque pouvait même être la voie d'accès à ce lieu céleste. Ce paradis ne pouvait en aucun cas être un désert infertile ou une plaine aride, mais bel et bien un lieu à la végétation abondante et généreuse. Rien de tel qu'une immense forêt inexplorée pour abriter l'El Dorado ou le paradis terrestre. La Cité des Césars tant espérée n'aurait pas trouvé place dans les étendues de la pampa. Non, depuis la forêt de Brocéliande, c'était ainsi : les fées, les magiciens, les enchanteurs, se sentaient chez eux dans les profondeurs des forêts, loin des regards.

Dans la plupart des civilisations, dans les croyances populaires, la forêt apparaît comme un espace sauvage et sacré habité par des dieux bons et mauvais, par les esprits et par les démons. Elle sert de refuge aux animaux fantastiques, aux monstres étranges, aux êtres bizarres mi-homme, mi-bête. La forêt australe chilienne appartenait bien au dictionnaire des forêts du monde, chargée de mythes et de légendes. C'était une forêt inspirée qui à tout moment pouvait basculer et se mettre à expirer, si les hommes optaient pour la folie. Une forêt de contes humides et glacés, où les fées et les sorcières peuvent se promener librement dans leurs imperméables, menant les hommes par le bout du nez, et les conduisant vers les chimères et les illusions. Le royaume de Trapananda a-t-il existé vraiment ? N'est-il pas comme le Graal, l'objet de la félicité suprême accessible uniquement à l'homme pur, le symbole de l'idéal spirituel chrétien ? Et les hommes ne sont-ils pas dévoyés par l'obsession de l'or ? N'y a-t-il pas une part de réalité derrière cette légende ? Et de toute manière la légende n'est-elle pas plus belle que la réalité ?

Alors que je ressasse cette histoire, le bus arrive à Puerto Puyuhuapi. Une partie du ciel est occupée à pleuvoir, une autre ressemble à une grande plaque bleue livide. Un fjord encaissé forme un couloir sombre qui se termine par un grand U en glissant dans des eaux grises. La forêt australe ne paraît pas se soucier de ce village. Les arbres se répandent du sommet des montagnes jusqu'au bord de l'eau, comme si rien ne pouvait freiner leur expansion naturelle, hormis bien sûr le déboisement ou le feu. Mais les incendies sont rares dans cette partie de la province où l'air reste imprégné d'humidité. Les nuages se relaient avec leurs traînées pluvieuses. Les monts et les bois sont protégés par un manteau de pluie.

Puyuhuapi, un nom aux consonances ludiques ! J'imaginais une bourgade peuplée detribus imaginaires, des *Pouyous* cohabitant avec de gentils *huapi*. C'est un village du bout du monde, habité par des pionniers, un millier d'âmes environ, qui ont fixé leur destin au fond d'un fjord. Il y a en effet de quoi vivre : une petite plaine verte et cultivable, quelques champs et quelques jardins, une rivière de galets à l'eau pure, et tout autour la grande forêt qui fournit le bois de chauffage. Quelques dizaines de maisons sont réparties au bord des chemins pierreux. Des fumées s'échappent des cheminées. La vie. Des affiches placardées sur des barrières informent le passant :

Aqui hay pan, ici il y a du pain, ou *No Pan,* pas de pain, ou encore *Aqui Benzina,* ici essence. Je m'installe à l'hosteria Alemana, une maison en bois, entourée d'un jardin où se détachent les taches bleues des massifs d'hortensias. Des fenêtres, on voit les eaux calmes du fjord, derrière une haie d'arbres silencieux. La pluie tombe toute la soirée, le temps idéal pour faire la connaissance d'Ursula Flack, la propriétaire de la pension.

IV

LES PIONNIERS DE PUYUHUAPI

Jamais je n'ai tant pensé, tant existé, tant vécu,
tant été moi, si j'ose ainsi dire,
que dans les voyages que j'ai faits seul et à pied.
Jean-Jacques Rousseau, *Les Confessions*

Il suffit de demander l'avis des uns et des autres sur les bienfaits ou les méfaits de la Carretera Austral pour entendre le même son de cloche.

« Avant, il n'y avait rien dans le sud. Pas d'écoles, pas de routes, rien. Un bateau nous ravitaillait une fois par semaine, nous les gens de Puyuhuapi. Et puis sous Pinochet, ils ont commencé la *Ruta 7*. Ils ont installé l'électricité dans tous les villages, le téléphone, le fax, la télévision. Il y a désormais un bon hôpital à Coyhaique. Une fois par mois, des médecins viennent en ambulance et passent trois jours à Puyuhuapi. Ils auscultent les malades, suivent les femmes enceintes, et les enfants fragiles. Maintenant, il y a huit ordinateurs au village, une radio locale. Les enfants apprennent à cultiver la terre sur de petites parcelles. Après le niveau huit, ils peuvent continuer leur scolarité à La Junta ou à Coyhaique où ils terminent leurs études secondaires. A présent, nous comptons quatorze professeurs. »

Un auto-stoppeur chilien m'avoue : « La *Ruta 7* est sans doute la seule chose de bien qu'ait faite Pinochet. » Il donne un coup de pied dans un caillou qui roule dans un fossé, et il continue son chemin.

Ursula Flack est née à Schellen, une bourgade des Sudètes située à la frontière de l'ancienne Prusse orientale. Cette région de Bohème (aujourd'hui en Tchéquie) peuplée par une minorité de culture germanique, a souffert des horreurs de la Seconde Guerre mondiale. Après l'annexion en 1938 par les troupes d'Hitler, la Tchécoslovaquie en a repris le contrôle en 1945, et expulsé la presque totalité des Allemands des Sudètes. Ursula fait partie de ces familles d'expulsés qui s'embarquèrent pour l'Amérique du Sud au lendemain de la Seconde Guerre mondiale. Son beau-frère, Walter Hopperdietzel, était déjà parti en éclaireur. Il voulait coloniser la région de Puyuhuapi. Effectivement, il colonisa le fjord sauvage avec l'endurance et le sérieux d'un pionnier germanique. Il avait en tête les écrits de Hans Steffen dont il avait lu les livres. Walter fut le fondateur de la colonie. Au commencement, ils ne furent que deux à se lancer dans l'aventure, Walter Hopperdietzel, le meneur, et son compagnon, Otto Huebel. Les deux amis embarquèrent à Hambourg et débarquèrent à Puerto Montt après avoir traversé le détroit de Magellan. Le gouvernement chilien leur accorda une concession de mille hectares à Puyuhuapi à condition qu'ils cultivent la terre. Tels des Robinson, ils se mirent à l'œuvre. Tout était à faire. Il fallait utiliser le *pasto,* l'herbe pour l'élevage et l'agriculture, le bois des forêts pour construire les premières cabanes, il fallait se nourrir, se chauffer. Quelques mois plus tard, deux autres pionniers, encore des hommes, rejoignirent les deux défricheurs dans leur fjord. Ils s'appelaient Augusto Grosse et Ernesto Ludwig. Ils vécurent à quatre pendant des années, isolés du reste du monde, menant l'existence rustique des bûcherons dans leur clairière. De 1933 à 1938, Walter Hopperdietzel et ses compagnons déboisèrent les montagnes à la hache, coupant des milliers et des milliers d'arbres pour faire place nette aux champs cultivables. La famille des pionniers s'agrandit ce jour de 1958 où le frère de Walter, Helmut Hopperdietzel, épousa Ursula Flack. Car les femmes arrivaient au fur et à mesure à Puyuhuapi, et la petite communauté se mit donc à prospérer. La cellule du départ devint un petit groupe organisé, dont les membres se serraient les coudes. A ses débuts à Puyuhuapi, Helmut Hopperdietzel fonda une scierie, puis il ouvrit un petit magasin. Il travailla aussi pour la poste du village, ce lien vital avec le reste du pays. Il avait aussi lu les récits de Hans Steffen, et il croyait dur comme fer à l'ouverture d'une route australe nécessaire pour la survie des habitants de cette région isolée. Helmut décéda en 1979. Deux ans après sa mort, le tronçon de la Carretera Austral entre Coyhaique et Puyuhuapi était ouvert et inauguré au terme de neuf années d'un travail titanesque dirigé par une branche de l'armée chilienne : *el cuerpo militar de trabajo.*

J'ai rendu visite au fils d'Helmut Hopperdietzel, qui dirige une fabrique de tapis : Alfombras Puyuhuapi. Comme son père, il se prénomme Helmut. Il est marié avec Maria Veronica. Il me raconte l'histoire de Puyuhuapi qui se confond avec celle de son père et de son grand-père. Les tapis qu'il produit portent des motifs chiliens. Sur un ordinateur, un poème de Jorge Luis Borges a été collé. Il s'appelle *Instantes* et dit à peu près ceci :

Si je pouvais vivre une nouvelle fois ma vie
Dans la prochaine, je tenterais de commettre moins d'erreurs
Je ne tenterais pas d'être aussi parfait
Je me détendrais plus
Je serais plus drôle que je ne l'ai été
De fait, je prendrais bien moins de choses au sérieux
Je serais moins obsédé par l'hygiène
Je courrais plus de risques
Je ferais plus de voyages
Je contemplerais plus de couchers de soleil
Escaladerais plus de montagnes
Nagerais dans plus de rivières
J'irais dans plus d'endroits où personne n'est jamais allé
Je mangerais plus de glaces et moins de fèves
J'aurais plus de problèmes réels qu'imaginaires.

Ces lignes m'ont touché au point que j'en ai oublié les tapis de Puyuhuapi. Quelques mots me concernent. Je n'étais certes pas dans une autre vie que je recommençais, mais la fée des voyages m'accordait une chance : je voyageais, comme le disait le poème de Borges, dans des lieux isolés et peu connus du reste du monde, où peu de personnes avaient eu l'idée de venir.

Splendeur et misère de la pluie australe

A Puyuhuapi, les maisons ne servent pas que pour dormir et pour manger. La pension Ventisqueros fait à la fois café et centre téléphonique. L'école primaire abrite la bibliothèque, la poste et l'état civil. Alors que peuvent bien lire les habitants de Puyuhuapi ? Une affichette donne la liste des quarante-huit livres disponibles dans les rayons. *El Asesinato de Roger Ackroyd,* un roman d'Agatha Christie. *La Metafisica* de Conny Mendez. Un livre sur la géographie du mythe et de la légende du Chili, des romans d'Isabel Allende, du Colombien Gabriel Garcia Marquez, du Péruvien Mario Vargas Llosa, de Jose Donoso, de Pablo Neruda, de Maupassant, de Kafka. Sans oublier le *Pequeno* (petit) Larousse illustré. Etonnant choix au regard de la littérature de gare qu'on trouve dans nos maisons de la presse.

Le village de Puyuhuapi une fois mis en page n'aurait rien cependant d'un gros volume, mais d'un minilivre de poche, un petit manuel de survie écrit dans des temps difficiles. L'eau vient des montagnes, l'électricité de Chaiten, et la pluie du ciel. Il y a un stade de football, un cimetière et un temple protestant. Un café porte le nom : *El Silencio,* Le Silence. Un endroit retient mon attention plus que les autres : la station météorologique. Tous les matins, à 9 heures, Carmen, une habitante du village, effectue elle-même les relevés techniques nécessaires, avant de se rendre à son travail. Elle est employée à la fabrique de tapis dirigée par Helmut Hopperdietzel. Carmen m'invite à l'accompagner dans un petit champ enclos de barrières. Rassurez-vous, en tout bien tout honneur. La science météorologique s'est dotée d'instruments sophistiqués. Je découvre l'héliographe qui ressemble à une grosse loupe. Cet appareil, conçu à Berlin par le docteur Muller, sert à mesurer l'action du soleil. A côté, planté dans les herbes folles, un anémomètre enregistre la force et la vitesse du vent. Et voilà le pluviomètre. Ce curieux instrument se compose d'un tube cylindrique vertical d'un demi-mètre environ, coiffé d'une sorte d'entonnoir métallique. Une règle noire en bois permet de calculer le volume d'eau de pluie en millilitres. Cette nuit-là, le ciel noir a déversé près de 23 centimètres de pluie dans l'appareil. Carmen n'est pas surprise, elle a connu des chiffres bien pires. En une nuit, les démons de la Patagonie ont une fois craché 89 millimètres d'eau sur Puyuhuapi. Carmen effectue les mêmes gestes méthodiques et quotidiens, puis elle envoie ses résultats par la poste, le 1er de chaque mois, au Service météorologique de Coyhaique.

A Puyuhuapi, le mois de juillet est redouté pour ses excès pluvieux. Il peut tomber près de quarante centimètres d'eau en un mois. En ajoutant ces volumes mensuels de pluie, on finit par compter annuellement en mètres d'eau. Carmen a succédé à son « maître » en météorologie, Don Walter Hopperdietzel, qui a rempli son rôle de climatologue de la colonie durant toute sa vie. Rien de ce qui tombe ou souffle du ciel n'est étranger à Carmen. Elle possède, comme la vestale d'un rite secret, la syntaxe, la grammaire et le vocabulaire pour évoquer la pluie et le vent. Beaucoup de pluie? Il y a un terme pour désigner cela: *un aguacero*. Quand il pleuviote, Carmen dit: *esta lluvisnando*. Mais c'est la stupeur alors quand il ne pleut pas du tout! Jours rares où le pluviomètre de Puyuhuapi reste vide. C'est arrivé par exemple le 14 janvier 2000: zéro millilitre dans l'instrument! Les jours de non-pluie en Patagonie chilienne sont en effet si rares qu'ils portent du religieux, du sacré, qu'ils équivalent à d'inquiétants silences de la part de dieux cachés. Ces rétentions célestes alarmaient naguère les Mayas du Mexique qui rendaient Tlaloc, le dieu de la Pluie, responsable des dérèglements climatiques. Ici, que l'on ait vénéré ou pas Tlaloc, la pluie tombait quand même, d'elle même. L'absence de pluie à Puyuhuapi est aussi surprenante qu'un jour sans pâtes en Italie. Voilà un pays étrange, le Chili, où cohabitent les contraires et les antagonismes. Ce qui est en excès dans le sud manque cruellement dans le nord. Un habitant de Puyuhuapi considère comme une anomalie un jour sans pluie, un répit du ciel dans une existence nuageuse. Un habitant d'Arica, à près de trois mille kilomètres de là, au nord, non loin de la frontière du Pérou, se laisse gagner par un sentiment de joie frénétique à la vue de quelques gouttes tombant sur la terre craquelée et aride du désert. A Puyuhuapi, en 1999, ce sont deux mètres et soixante-treize centimètres d'eau qui sont tombés dans le pluviomètre. A Arica, c'est un record quand le même appareil affiche deux centimètres d'eau en fin d'année !

Encore faut-il admettre qu'il ne s'agit pas de dérèglements climatiques, mais bel et bien de la norme chilienne. Et que dire alors des roublardises du ciel patagon quand celui-ci accumule ses nuages diaboliques au-dessus du labyrinthe des îles australes, plus au sud ? Le village côtier de Puerto Raul Marin Balmaceda n'a que trois cents habitants. Entourée par une kyrielle d'îlots et de canaux maritimes, adossée au pied des Andes et tournée vers le Pacifique, cette bourgade vit au rythme des déluges. « C'est là qu'il pleut le plus, me dit Carmen. Les gens qui y vivent ont au début du mal à se faire à la pluie, mais ils finissent de toute manière par s'y faire. » Sous terre, les cercueils, paraît-il, sont de vrais aquariums.

Là-bas, entre la péninsule de Taitao et le cap Horn, dans le morcellement kafkaïen des îles et des îlots détachés de la terre ferme, là-bas, à l'ouest, la pluie du Pacifique a installé une tyrannie climatique qui affole les pluviomètres. Aucune révolution n'est encore venue à bout de ce despote liquide. Du golfe de Penas (le golfe des Peines) aux îles Desolacion, la pluie est l'héroïne d'une dramaturgie. Un phénomène ordinaire et quotidien, et il faut l'avouer, sans grande fantaisie. La pluie tambourine sur les toitures en tôle des maisons, frappe sur les carreaux, dégouline pendant des heures sur les parois rocheuses, remplit le jour et la nuit. Une pluie terrible, une pluie à rendre fou. Dans une de ses nouvelles intitulée *La Poule aux œufs de lumière,* Francisco Coloane raconte l'histoire du gardien du phare Evangelistas qui devient fou sous l'effet de la pluie : « Un cerveau excédé par le bruit de millions de gouttes de pluie crépitant sur le toit de zinc, une sensibilité torturée par les miaulements du vent. »

Pour Pablo Neruda, cet élément contenait une charge créative essentielle à l'homme, comme le feu des volcans. Il ne parle pas de la pluie barbare mais de l'art de la pluie. « La grande pluie australe qui tombe du Pôle comme une cataracte, depuis le ciel du Cap Horn jusqu'à la frontière. » Neruda se souvenait avoir grandi sous la pluie : « La pluie tombait en fils pareils à de longues aiguilles de verre qui se brisaient sur les toits ou qui arrivaient en vagues transparentes contre les fenêtres. » Pluie australe, pluie lustrale, cela pourrait être le début d'une chanson ou le début d'un autre monde, où les pauvres, qu'ils le veuillent ou non, sont payés en liquide.

En Patagonie chilienne, tout change derrière les apparences de stabilité et d'éternité ensommeillée. Tout change, mais la pluie, elle, ne change pas. Elle reste immuable, imperturbable, implacable, attendant le moment favorable dans le scénario de la fin du monde pour accomplir son œuvre d'engloutissement de l'humanité. Arrosoir céleste tenu par des géants épris de technologie étrange, un pulvérisateur de pluie digne de la Guerre des étoiles.

Un billard venu en pièces détachées

Klaus Hopperdietzel appartient à la même famille de pionniers allemands, à ce petit clan affermi par les épreuves de l'Histoire. Il est le frère de Don Walter, le fondateur du village. Il vit seul dans une grande maison en rondins, s'occupant de l'héritage forestier de son père, labourant des hectares de terre et veillant sur son petit troupeau de vaches. Il aime la vie à Puyuhuapi. Il pratique l'escalade et vend de l'essence à la station-service. Autrefois, il a étudié à Santiago, puis, après cette échappée estudiantine dans la jungle urbaine de la capitale chilienne, il est revenu vivre dans son petit village au fond du fjord. Santiago paraît si lointaine, si exotique, une sorte de Babylone tropicale pour un habitant de la *Mitteleuropa*. Le billard ne le laisse pas indifférent. Au contraire, Klaus est devenu un passionné, au point d'en acheter un à Santiago et de l'acheminer jusqu'à Puerto Puyuhuapi en pièces détachées. L'histoire du clan Hopperdietzel n'est-il pas à l'image de ce billard ? Eux aussi étaient arrivés les uns à la suite des autres, en pièces détachées à travers les océans.

Sur la place centrale, un petit monument rend hommage à « l'éminent géographe et professeur Hans (ou Juan) Steffen qui grâce à ses explorations a fait connaître les belles terres d'Aisén ». A côté de cet éloge à la vertu des pionniers, Puyuhuapi abrite aussi ses zones d'ombre, ses caches refoulées avec ses graffiti gribouillés sur la tôle d'une cabane près de la jetée. On peut y lire la révolte des jeunes Patagons : *Loverman... overkill... hip hop... molotov... nirvana... putas calientes...* Deux cœurs enlacés ont été dessinés qui portent la signature d'un Ricardo et d'une Judith. Deux inconnus que je ne verrai jamais, deux cœurs solitaires sous la pluie australe. L'avenir peut-être.

Le soir à l'auberge, mon voisin, étudiant en géologie à l'Université de Milan, me raconte son voyage à bicyclette sur la route australe. Il est parti seul depuis cinq semaines et se rend à Punta Arenas. A la table d'en face, un jeune Japonais avale sa soupe, sans dire un mot. J'apprends quand même qu'il est étudiant aussi, en science de l'environnement à l'Université de Tokyo. Il a quitté le Japon pour une durée d'un an. Lui aussi seul et à bicyclette. Avant d'arriver à Puyuhuapi, il a traversé la Malaisie, l'Afrique du Sud, le Pérou. Son vélo a souffert de ce long périple, mais il pense le réparer au plus vite et continuer son incroyable randonnée jusqu'à Ushuaïa, là-bas, en Terre de Feu. Il y a quelque chose d'étrange à entendre des voyageurs prononcer des noms de métropoles comme Milan, Tokyo, Cape Town. Puyuhuapi vit aussi à l'heure du village global. Aussi isolés que soient les habitants de ce modeste village de Patagonie chilienne, ils peuvent communiquer avec le monde entier, recevoir et envoyer des messages aux grandes capitales de l'univers. Dans l'*Aleph,* Jorge Luis Borges a écrit : « L'Aleph ? Oui, le lieu où se trouvent, sans se confondre, tous les lieux de l'Univers, vu sous tous les angles. » Puyuhuapi est l'Aleph des gentils Huapi.

Réflexions sur l'anthropophagie

Luis Hernan Gonzalez et son épouse exercent tous les deux le métier de pédiatre à Santiago. Ils me proposent de m'avancer sur la route. Luis possède bien le français. Je le trouve jovial, communicatif, j'accepte son invitation. En route, nous passons devant un élevage de saumons dont le Chili était un des grands producteurs au monde. Un dauphin en liberté plonge dans les eaux du canal Puyuhuapi. Nous marchons dans des sous-bois où les épineux dominent. La forêt australe a momentanément pris congé et s'est retirée du paysage. La terre n'est plus détrempée et spongieuse mais presque dure et sèche. Au bout de la piste, le glacier Colgante s'accroche au sommet de hautes parois rocheuses comme une offrande suspendue entre terre et ciel. Charles Darwin, encore lui, avait remarqué aussi que cette partie du littoral chilien ressemble à la Norvège. Mais dans ce pays scandinave, « il faut remonter jusque par 67 et 70 degrés de latitude nord, c'est-à-dire 14 degrés de plus près du pôle, pour trouver des neiges éternelles à une hauteur aussi peu considérable ». Sous des traînées nuageuses, des cascades grises tombent de cet étrange mur abrupt. Tout en bas, un petit lac aux eaux vertes reçoit le surplus provenant de la fonte lente du glacier. « La Nature nous regarde », murmure Luis au moment d'entamer un sandwich. Sur le bord du chemin, il arrache une baie d'un arbuste hérissé d'épines longues et effilées. Cette baie ronde de couleur bleu foncé – la *calafate* – est un porte-bonheur chargé de superstition. Si on la mange, on revient en Patagonie. Elle m'a laissé un goût amer dans la bouche. J'avais avalé une croyance patagone. De fait, j'y suis revenu.

Mais en Amérique du Sud la politique n'est jamais absente. Luis commente le dernier conflit entre le Chili et l'Argentine qui remonte à 1978, sous la dictature. A l'époque, la pomme de discorde entre les deux pays concernait les limites territoriales de la « queue » du continent sud-américain, à savoir les îles Picton et Lennox. Où passait exactement la frontière ? Puis la conversation monte avec l'altitude. On évoque les mondes glaciaires perchés au sommet des Andes et un fait divers qui a touché à la philosophie humaine.

A la suite d'un accident d'avion dans la cordillère, dans les années 70, des passagers ont survécu pendant quatre-vingt-dix jours en se nourrissant des corps des autres passagers morts au moment de la chute de l'avion. C'était bel et bien du cannibalisme, mais il n'était pas sacré. Survivre. Seulement survivre ! Deux survivants de cette tragédie furent sélectionnés pour aller chercher des secours. Ils cheminèrent dans la glace et le froid, finirent par trouver de la vie dans un village des contreforts des Andes, puis ils revinrent, à pied, jusqu'à la carcasse de l'avion encore enfoui dans la glace. Quand les secours proposèrent de la nourriture aux rescapés, ces derniers répondirent qu'ils avaient déjà mangé. Ils avaient mangé les copains. Des années plus tard, les mêmes survivants, des Uruguayens, revinrent en hélicoptère sur le site du drame, où ils avaient survécu à trois mois de goulag forcé et où ils cédèrent à l'anthropophagie. Ils plantèrent une croix sur le site de l'accident. Depuis cette date, les mêmes personnes reviennent chaque année en pèlerinage au même endroit. Un de ces survivants est aujourd'hui un architecte connu en Uruguay, qui conçoit des maisons d'avant-garde aux formes antiques dont la blancheur et la simplicité toute en rondeur évoquent les demeures des déités de la

Grèce ancienne. Pour ce rescapé, comme pour les autres, le plus dur ne fut pas pendant, mais après le drame : les survivants furent condamnés par la morale et les bonnes mœurs. Cette condamnation de leur cannibalisme, non-dite, sournoise et implicite, constitua une autre épreuve mentale. La morale chrétienne (et pourtant la présence réelle du sang et de la chair du Christ dans l'hostie, cannibalisme ça aussi ?) ou non-chrétienne réprouve ce genre de pratique. Ces mangeurs d'hommes latino-américains n'étaient-ils pas aux yeux de l'opinion des civilisés retombés en barbarie ? Un fait divers annonce par exemple que des païens ignorants des choses de la religion ont mangé, cru ou cuit, le corps d'un être humain : personne ne s'en offusquera. Un autre fait divers clame : des ingénieurs mangent le corps de leurs collègues. Le choc ! Le scandale. Cela ne se fait pas. Même pour survivre. Qu'aurais-je fait à la place des victimes de l'accident ?

La conversation se réchauffe à présent, bien que le thermomètre en descente refroidisse. La vie sur le continent antarctique, tel en est à présent le sujet, alors que les œufs durs du pique-nique, les tomates et les petits pains circulent d'une main à l'autre. C'est un des thèmes préférés de Luis.

— L'Antarctique, c'est comme un grand gâteau (*torta*) où chaque pays possède une part découpée selon des lignes abstraites mais allant toujours droites jusqu'au pôle Sud. Les limites sont nettes, les frontières abstraites et pourtant concrètes. Russes, Chinois, Américains du Nord, Français, Britanniques, Argentins et Chiliens (et d'autres) cohabitent sur le plus grand bloc de glace du monde. Et dans ce frigo international, les conflits disparaissent. Toutes les nations vivent en paix. Et même pendant la stupide guerre des

Malouines, les sentinelles argentines trinquaient avec les scientifiques civils britanniques, tandis que l'Argentine et la Grande-Bretagne s'affrontaient sur une île à quelques centaines de kilomètres de là, à coups d'Exocet français!

V

LA MÉMOIRE D'AISÉN

Où que tu ailles, si ton âme t'est étrangère,
le monde te paraîtra inhospitalier.
Graham Greene, *Routes sans lois*

Le pédiatre de Santiago m'a déposé au bord de la Carretera Austral. Je ne sais pas précisément où je suis. C'est un curieux sentiment mêlant solitude et liberté. Je sais où je vais en suivant la carte puisque je souhaite continuer jusqu'au bout de la piste et atteindre Villa O'Higgins. Cette obligation de résultat me rappelle à l'ordre mais contrarie un peu la fantaisie du voyage. Le vieil Hermès, dieu grec des voyageurs, le Mercure des Romains (qui est aussi celui des marchands et des voleurs) m'envoie parfois son démon particulier pour me houspiller : « Va où tu veux et quand tu veux, oublie ton but, c'est sans importance d'avoir envie d'aller quelque part. Déguerpis et fais-toi vagabond, abandonne cette piste lugubre, retourne chez toi, ou va t'amuser dans les villes. » Ici il fait froid. Un Mercure qui craint le thermomètre, ma foi en la mythologie en prend un coup. A vrai dire, me voilà bien seul dans un pays si différent, et je rencontre tous les jours des inconnus qui, au bout de quelques minutes, deviennent des familiers. Cette familiarité limitée à des périodes de temps très courtes de ma journée me suffit, car trop de paroles nuisent quand même à l'observation et à la réflexion. Une évidence m'apparaît que je ne mesure qu'à peine au départ. Plus la route est longue, plus le voyage se complique, et plus l'esprit est tenté par l'endormissement et le renoncement. Pourtant, je vis l'inverse. Mon esprit est aiguisé par les aléas du voyage. C'est au moment où le voyageur commence à se sentir l'homme le plus misérable du monde que son esprit se montre le plus réceptif aux choses vues, aux êtres rencontrés, et qu'il devient alors sensible au moindre détail. Le dépouillement du paysage favorise le mouvement de l'esprit vers l'essentiel, lui donnant une plus grande acuité. Pourtant cette règle n'a pas force de loi. La fantaisie est une autre composante qui permet de rire de toutes les situations, même les plus bizarres, les plus inconcevables. La fantaisie du voyageur n'est-elle pas un ultime rempart contre l'ennui et la fatigue ? Baudelaire a si bien parlé du spleen du voyageur. Et Frantz Schubert, mon musicien préféré, a composé une musique sur le thème de la fantaisie du voyageur. Ce sentiment aussi fait partie de la catégorie des souffrances qu'inflige la route. Gros obstacle à vaincre mais heureusement pas mortel. Et même si on y succombe, le spleen est capable de donner du relief lent et une autre valeur au nomade ou au voyageur.

Aucun autocar ne passe, aucune voiture ne surgit dans une traînée de poussière, il ne reste qu'à regarder cette même piste rocailleuse bordée par les eaux sombres des fjords aux contours hachurés. La marche à pied n'est-elle pas la meilleure des voies d'accès à la méditation ? Soudain une camionnette s'immobilise après que le chauffeur ait vu mon pouce levé. J'embarque parmi un groupe d'habitants de Coyhaique en vacances. Les congés consistent à se rendre à quelques kilomètres de la ville et à goûter aux joies du plein air dans des petits chalets au cœur du parc Queulat.

— Vous n'avez pas l'air méchant. C'est pourquoi on vous a pris à bord. On pensait que vous étiez un garde forestier.

La pluie constitue un sujet de conversation comme un autre. Une jeune étudiante fait une remarque plus intéressante, concernant des étudiants israéliens qu'elle a croisés en route et qui traversent la Patagonie en direction de la Terre de Feu, le bout du bout du monde.

— On m'a dit qu'ils cherchent une nouvelle Terre promise par ici. Il paraît que l'extrême sud de la Patagonie est mentionné quelque part dans la Bible.

Bien sûr, cette affirmation est erronée. Je l'ai vérifiée. La pointe la plus basse de l'étoile à six branches de David, symbole d'Israël et du peuple hébreu, n'indique pas du tout la Terre de Feu, ni l'extrémité du continent sud-américain. La Torah n'évoque nullement une Terre promise qui serait à chercher dans cette partie du monde. L'existence du continent américain (les Indes comme le nomma Christophe Colomb) n'apparaît nulle part dans les écrits religieux du judaïsme. En revanche, il est bon de rappeler ceci : le judaïsme est la seule pensée religieuse de l'histoire qui révèle aussi bien avant les autres que la terre est ronde et non un immense plateau flottant dans le néant. Et ce n'est pas un hasard si l'illustre navigateur croyait à la rotondité de la terre contre la théorie de l'Eglise qui affirmait le contraire. Et Christophe Colomb, *Cristobal Colon* comme l'appellent les Latino-Américains, n'était-il pas, c'est reconnu aujourd'hui, un *converso,* un juif converti au christianisme? Ne finissait-il pas ses lettres à sa famille par l'expression emblématique *Beth El,* qui signifie la Maison de Dieu en hébreu?

Au Lago Verde, l'eau n'était ni verte, ni bleue, elle avait une couleur particulière désignée par le terme *calypso* me dit John Watkins, dont le père était gallois et irlandais, et la mère d'origine hispano-italienne. Encore un de ces mélanges d'ascendance dont le Chili a le secret. Cet individu était la jovialité faite homme. Avec sa nièce et des amis, ils avaient admiré l'éclipse de lune de janvier 2000 et, pour dormir, les *carabiñeros* leur avaient offert l'hospitalité dans leur baraque.

Entre Puyuhuapi et Coyhaique, les portes des maisons n'ont pas de serrure, ni de clef. J'en ai observé plusieurs. La porte de ma chambre à Puyuhuapi ne possède pas cet attirail superflu de la société avancée. La confiance prévaut encore sur la méfiance et l'hostilité. On m'a dit: il n'y a pas de voleurs par ici, alors pourquoi fermer les portes à clef?

Le puma andin est un chevalier errant

Le chauffeur s'appelle Juan Carlos et le bus se nomme Daniela. C'était une manière charmante de personnaliser les véhicules, qu'ils soient bus ou bateaux. La nuit est tombée sur la Carretera Austral qui se faufile dans l'étroitesse d'un couloir rocheux capitonné par une végétation compacte. Des buissons touffus empêchent le regard de pénétrer plus avant dans la masse profonde des arbres. Ce secteur abonde en animaux sauvages, en animaux libres. Le *huemul chileno* est le cerf austral et l'animal emblématique de la Patagonie. Dans la langue des Indiens araucans, son nom signifie « celui qui suit les autres », sa particularité étant de ne jamais marcher qu'en suivant un autre *huemul.* On rencontre aussi des *zorro,* une variété de chien sauvage. Son regard rusé et intelligent, son museau tout en finesse, la couleur brune de son poil, tout évoque un petit loup. En décembre 1883, Darwin en avait capturé un qu'il avait embarqué sur le *Beagle* à la grande joie des marins. Moins redoutable qu'impressionnant, le *gato montes,* surnommé *gato de Geoffroy* ou *Mbaracaya,* n'est qu'un gros chat sauvage, très recherché autrefois pour la qualité de sa fourrure mouchetée comme un félin d'Afrique. De tous ces animaux sauvages, celui qui inspire le plus de crainte est le puma des Andes, dont le nom signifie « lion féroce » en langue aymara et quechua. De combien de noms n'a-t-il pas été honoré ? Une bonne douzaine ! *Leon americano,* lion américain, *Cuguardo, Poghi, Trapial, Haina,* ainsi que *Lliuchi-puma, Chanare* et *Yuninii.* Je suis fasciné par ces différents noms donnés par les hommes à un pareil félin. Le puma est l'allégorie du chevalier errant idéal dépeint par Cervantes dans *Don Quichotte.* Comme le chevalier errant, le puma se plaisait à porter des noms différents selon les circonstances de son errance et ses aléas. On peut l'appeler aussi *Guasaura, Yagua Pihta, Sussuacana,* et même *Mitzi.* Il existe quatre sous-espèces de puma au Chili, m'explique le petit guide animalier. Il précise aussi que le puma, espèce protégée, peut vivre jusqu'à des altitudes de 5 000 mètres.

Dans le bus, une jeune femme m'a proposé des biscuits, puis quelques poignées de cerises d'un si beau rouge carmin. Le bus fait un bref arrêt pour laisser monter un homme d'une cinquantaine d'années qui attend seul au bord du chemin. Il me fait penser à un personnage de Guignol qui aurait trop bu.

Le chauffeur salue son confrère qui déboule d'en face au volant de son bus. Je fais plus ample connaissance avec ma voisine. Nous sympathisons.

Une assistante sociale à cheval

— En hiver, la neige forme une couche de deux mètres, la terre ne donne plus. et les gens vivent de ce qu'ils ont amassé en été.

Elle s'appelle Mireya Devia Gonzalez. Elle a la trentaine intéressante. Ses lunettes sérieuses encadrent des yeux vifs et un regard pensif. Elle est originaire de Viña del Mar, un petit Deauville chilien au bord du Pacifique, non loin de la capitale. Depuis 1989, elle vit à Lago Verde, à la frontière du Chili et de l'Argentine. La route qui y mène ne date que de 1994, et ce n'est qu'une branche secondaire, une des nombreuses ramifications issues du tronc principal et effiloché de la Carretera Austral. Lago Verde ! Encore un village de pionniers et d'aventuriers porteurs du message de la civilisation et du progrès, pensais-je. Le même phénomène d'avancée se répète là comme ailleurs. Des montagnes aux cimes enneigées et glacées surplombent des vallées au fond desquelles coulent des rivières torrentueuses. Les *rios* et les *arroyos* bondissent hors des forêts ténébreuses pour s'écouler vers des champs cultivés et encore jeunes où on fait donner la moindre parcelle plate de terre. La commune de Lago Verde partage près de deux cents kilomètres de frontière avec sa voisine, l'Argentine. Le maire gère un territoire de 4500 km^2, étendu entre l'océan Pacifique et la cordillère. Son hameau le plus reculé, Tapera, se trouve à une distance de trois cents kilomètres de la mairie. Imaginons

Lamotte-Beuvron dépendant de la mairie de Paris. Le propriétaire le plus riche de la commune, Eduardo Simonds, possède une usine de shampooing et de produits pharmaceutiques réputés au Chili. Arrivé de France après la Seconde Guerre mondiale, il a fait fortune dans ces industries. Il partage son temps entre son *estancia* de Lago Verde, où il élève vaches et moutons, et la France. Mireya le connaît peu, cependant elle parle de lui comme d'un ami proche. Don Eduardo fait partie du même paysage andin, connaît les mêmes hivers de pluie et de vent que les autres habitants, alors pourquoi le différencier du reste de la communauté ?

Mireya travaille comme assistante sociale à Lago Verde. Pour rendre visite à ses concitoyens, elle voyage. Elle peut parfois accomplir un bon millier de kilomètres en une semaine, sans sortir du territoire de la municipalité. La mairie emploie deux chauffeurs qui conduisent des véhicules tout terrain nécessaires à Mireya pour accomplir sa mission. Plus qu'une assistante sociale, c'est une aventurière en jean, confrontée quotidiennement aux forces de la nature. Au fil de ses déplacements, elle passe d'une maison à l'autre, dormant chez l'habitant. Certaines familles vivent dans des lieux si isolés que les camionnettes tout terrain ne peuvent y accéder. Il faut continuer à cheval, gravir des sentiers pentus et rocailleux, où les chevaux risquent leurs pattes dans les éboulis de pierre et les amas de branches. Mireya emprunte aussi des barques à moteur pour traverser les étangs et les lacs enfermés dans le silence de la forêt australe. Il lui arrive parfois de descendre de son cheval et de finir à pied, sac au dos. Elle ne s'aventure jamais seule dans cette nature encore indomptée. Deux hommes l'escortent, chargés de sa sécurité. Elle connaît des hameaux noyés dans la jungle froide où des fermiers vivent sans électricité au fond de vallées inaccessibles. Ces solitaires boivent l'eau des rivières et subsistent grâce à quelques bêtes à cornes et quelques lopins de terre plantés de légumes.

La construction de la Carretera Austral a changé son existence et celle des gens du pays. Petit à petit, elle accède aux familles les plus isolées pour leur apporter son soutien. En cas d'urgence, la mairie de Lago Verde déplace par petit avion les cas les plus urgents jusqu'à l'hôpital de Coyhaique. Pour Mireya, la « fracture sociale » est une expression dénuée de sens.

Un solitaire parmi des solidaires

Villa Amengual ne compte pas plus de 150 habitants. Au café El Indio, l'assistante sociale de Lago Verde retrouve une copine avec qui elle discute près d'un fourneau à bois supportant une cafetière. Le fourneau à bois est dans toutes les demeures de Patagonie, car il ne dépend pas des caprices de l'électricité. Il suffit de mettre du bois dedans et ça marche. Ce fourneau-là peut aussi servir de petite table grâce à deux battants en bois qui débordent sur les côtés comme deux nageoires dépassant du corps d'un poisson. Au bord des chemins, les poubelles paraissent plus soignées qu'ailleurs, mieux conçues, des poubelles pédagogiques appelant à la vigilance écologique. Chaque jour, elles sont ramassées et vidées par Dagoberto Prosperino, que les habitants du village ont gentiment surnommé « Dago » ou « Daguito ». J'ai été prévenu : Dago est le fou du village. Pour améliorer le menu, il chasse les oiseaux à coups de pierre, mais c'est un être très sympathique et inoffensif. Je suis allé aussitôt frapper à la porte de sa cabane pour le rencontrer. Il habite dans une boîte en tôles ondulées renforcée par des planches de bois, quelque chose qui ressemble à l'abri précaire pour ouvriers d'un chantier en voie de démolition. Des peaux de brebis fraîchement tuées pendent sur un fil entre des poteaux plantés dans la terre tourbeuse et détrempée. Un homme hirsute, coiffé d'une tignasse grisonnante et bouclée à la Darry Cowl, est sorti de cette antre. Son visage maigre est marqué par des rides profondes, mais son regard garde une expression de jeunesse frondeuse et naïve. Le plus curieux de l'homme sort de sa bouche : une voix au timbre si aigu, d'une sonorité si ténue, qu'on dirait la voix d'un jouet mal accordé. Une voix d'oisillon austral plus apte à communiquer avec les *chacaos* qu'avec les hommes. Sa bicoque est obscure, enfumée, noircie, mais pour rien au monde Dago ne voudrait l'échanger, même contre un palais. L'univers proche de cet homme des bois se résume à un bric-à-brac où tout s'entasse selon une logique qui échappe au commun des mortels. Comme dans la cabane d'un berger ou d'un trappeur du Canada, un tas de peaux de lièvres dégage un arôme qui en aucun cas ne rappelle le Chanel n° 5. Un vieux poêle noir en fonte sert de fourneau et de radiateur au maître des lieux.

Dago peut avoir soixante ans. Il est né à Villarica et, après des années d'ennui dans un atelier de mécanique à Coyhaique, il a quitté la ville et est venu s'établir à Villa Amengual, un village créé de toutes pièces dans une clairière de la forêt en 1983, au moment de la construction de la Carretera Austral. « Il n'a pas toute sa raison », m'avait-on dit. Le gouvernement chilien lui verse une pension qui lui permet de survivre. Pour s'occuper, Dagoberto passe des heures à nettoyer les chemins qui sont aussi propres que ceux d'un village suisse. Il vend aussi le cuir des agneaux que lui offrent les habitants. Il porte le bois à domicile. Le même Dago à Paris ? Il serait un SDF, un exclu, dormant sur les quais du métro. Ici, il est considéré. Dans cette communauté isolée, dont le nom n'est pas sur les cartes, ce marginal n'est ni un pestiféré, ni un fou. Je demande à Dago ce qu'il aime le plus faire à ses heures libres.

— Je vais dans la forêt pour me promener et je chasse les lièvres avec un système de trappes, ainsi que les oiseaux que je tue à coups de pierre car je n'ai pas de fusil.

Etrange roi Dagobert qui dort sur des peaux de brebis dans sa cabane, mais qui sait se rendre utile au village. Naguère, en France, on l'aurait dit idiot du village. A Villa Amengual, il est intégré dans une communauté bienveillante. Un solitaire parmi des solidaires. Ou un solidaire parmi les solitaires.

Baldo Araya, mémoire vivante de la Patagonie

Ah, Baldo Araya, quelle rencontre ! Au téléphone, depuis la petite cabine secouée par des rafales de vent, j'ai immédiatement noté son enthousiasme juvénile.

— Venez me voir. Je suis disponible, quand vous voulez, et c'est avec plaisir que je vous parlerai de la Patagonie.

A Coyhaique, nous nous sommes rencontrés un dimanche après-midi au café Ricer, à deux pas de la grande place en forme de pentagone qui marque le centre de la ville. Il porte un béret basque, une veste en laine à petits carreaux. Le haut de son chandail laisse apparaître une cravate. C'est un septuagénaire plutôt petit qui marche à pas lents. Il s'approche de ma table, se plie un peu et me demande.

— Vous êtes le journaliste ?

Sa jovialité et sa bonhomie me plaisent tout de suite. Il émane de lui une sagesse communicative qui me donnera bientôt envie de passer des heures à l'écouter. Au premier étage, il s'assied sous des *perneras de chivo,* ces cuissardes aux longs poils bruns que les cavaliers de la pampa enfilent pour avoir chaud. Les serveuses le connaissent bien et viennent le saluer. J'ai retrouvé la trace du professeur Araya en lisant *Le Neveu d'Amérique* de Luis Sepulveda (titre original en espagnol : *Patagonia Express*) : « Le premier que je vois descendre de la Jeep est Baldo Araya l'obstiné professeur du lycée de Coyhaique et historien de la Patagonie, qui pendant les années grises de la dictature militaire chilienne refusa de chanter les strophes que les gorilles avaient ajoutées à l'hymne national. Lorsque chaque lundi élèves et professeurs entonnaient l'odieux "vos noms, vaillants soldats qui avaient été du Chili le soutien..." seul Baldo Araya restait muet. Il fut tabassé, emprisonné durant des mois sous l'accusation d'outrage aux autorités, mais rien ne put lui faire courber l'échine. Finalement, on décida de l'expulser du lycée, mais un matin, devant la porte du régiment Baquedano, on retrouva un des chiens de garde égorgé avec une note dans la gueule : crétins, vous ne voyez pas que vous êtes cernés ? Vous à l'intérieur de la caserne et nous dehors. Laissez en paix le professeur Araya. »

Je lui demande si tout cela était vrai. Il éclate de rire.

— Vous n'avez pas été autant malmené ?

— Non.

— Pourquoi a-t-il écrit cela sur vous ?

— Je ne sais pas. Il l'a écrit. Sepulveda est un ami. Il est très sympathique. Et il a beaucoup d'imagination. Cela n'a pas d'importance. Je préfère vous parler de la Patagonie que je connais depuis si longtemps.

— Vous êtes né ici ?

— Non, je suis né en 1924 à Quellon sur l'île de Chiloé, dans une famille de paysans qui faisait aussi de l'horticulture, et je suis arrivé à Coyhaique avec mes parents à l'âge de quatre ans. Mes parents s'installèrent d'abord à Puerto Aisén, où il pleuvait tous les jours. C'était dur. Plus tard, j'ai effectué mon service militaire à Coyhaique, puis je me suis marié. Avec ma femme, nous sommes partis en Argentine où nous avons vécu à Bariloche. Notre fille est née là-bas. Bariloche représente pour moi un des plus beaux paysages de la Patagonie argentine. On trouve de l'eau pure, de la neige, des bois, on peut circuler à cheval ou à pied dans les montagnes, c'est humain et superbe. Nous avons vécu quatre ans dans cet endroit étonnant.

— Que faisiez-vous à Bariloche ?

— J'étais arpenteur chargé de mesurer la taille des parcelles dans un grand domaine (*funda*). Un jour, mon patron m'annonça qu'il n'y avait plus de travail pour moi. C'était en 1947. J'ai quitté Bariloche pour regagner Coyhaique, où je me suis lancé dans le journalisme. A l'époque, je m'occupais d'un hebdomadaire. L'idée me vint de fonder ensuite une radio locale, radio Patagonia Chilena. L'ami avec lequel j'avais fondé cette radio partit un jour, non pas avec ma femme, mais avec la radio. Pour vivre, j'étais professeur d'histoire au lycée. J'enseignais l'histoire locale en relation avec l'histoire universelle. Pendant les années de dictature, je suis resté tranquille chez moi. Vous savez, je n'invente rien. Je ne sais pas mentir.

— Ce n'est pas trop difficile de vivre ici ?

— Non. Les hivers sont beaucoup plus doux qu'avant. Même s'il fait froid, il fait moins froid qu'autrefois. A Coyhaique même, il pleut bien moins qu'à Puerto Aisén. J'ai l'impression que le temps a changé, sans doute l'effet de serre et l'influence du courant marin *El Niño*. Regardez ces glaciers, ils meurent petit à petit suite au réchauffement du climat. Notre climat devient tolérable et acceptable. Du moins pour l'instant.

— On dit que vous êtes une mémoire vivante de la Patagonie.

— C'est exagéré. Néanmoins, je suis le seul à détenir autant de documents sur le sujet. Cela fait cinquante ans que je me passionne pour la Patagonie. Le problème pour moi est assez simple, il s'agit de mettre de l'ordre dans cette masse dispersée de livres, de textes, d'articles et de dossiers. J'ai déjà publié cinq livres, et trois autres sont en chantier. Un des titres de ces ouvrages est *Aisén*.

— Un de vos magazines s'appelle *Trapananda,* pourquoi ce nom mythique ?

— Trapananda est le nom que les Espagnols donnèrent autrefois à la région. Un conquistador espagnol venu d'Asie jusqu'ici, dans la province d'Aisén, apporta ce nom qui signifie « terres où il y a des minerais » ou « terre avec des mines et des richesse agricoles ». Ce mot très ancien n'est plus utilisé. Il s'est perdu. C'est différent de la Cité perdue des Césars. Celle-ci est une ville cachée, que personne ne parvient à atteindre. Les Jésuites de l'île de Chiloé sont ceux qui l'ont cherchée dans la forêt australe avec le plus d'obstination, mais toujours en vain. Pour moi, les *Cesares* n'ont rien à voir avec les empereurs romains, ce seraient plutôt des Indiens (*nativos*) que personne, là non plus, n'a jamais pu voir ou connaître. C'est une légende, une belle légende, rien de plus. Vous pensez bien que si cette cité légendaire existait, les explorateurs d'aujourd'hui l'auraient déjà découverte !

— Selon vous, où commence et où finit la Patagonie ?

— Elle commence au sud de Buenos Aires, couvre la province de Neuquen, et se termine au sud dans la province de Magallanes et en Terre de Feu, mais elle ne va quand même pas en Antarctique. Et du côté du Pacifique, elle remonte jusqu'à Puerto Montt. Au nord de ce port chilien, ce n'est plus la Patagonie. La Patagonie argentine fut la plus productive, car les Argentins avaient beaucoup plus d'espace que les Chiliens, ce qui était indispensable pour développer l'élevage. Mais voilà, l'herbe, le *pasto,* a diminué. Si l'Etat ne se préoccupe pas de ce problème, la Patagonie deviendra du sable. Un désert !

— Comment se porte la forêt australe dans la province d'Aisén ?

— Plutôt bien, sauf dans le secteur du volcan Hudson. Là, il faudra des années avant que la flore et les arbres retrouvent une vie normale. La forêt se renouvelle petit à petit, très lentement, petites plantes après petites plantes. Le savez-vous, nous avons un excellent bois en Patagonie, meilleur que le bois *el roble* du Mexique et des Etats-Unis.

— Peut-on comparer la Carretera Austral à la Trans-Amazonienne ?

— J'ai le sentiment que la première a coûté plus cher encore que la seconde. Peut-être 400 ou 500 millions de pesos...

— Elle n'aurait pas plu à Francisco Coloane, qui préférait la mer à la terre !

— Je ne sais pas. Coloane est un excellent écrivain. Ses œuvres sont parmi les meilleures jamais écrites sur le sud et sur la Patagonie. C'est un grand homme et le formidable écrivain de la réalité. Il n'aime guère la fantaisie, ni le fantastique, mais la réalité qu'il dépeint dans ses œuvres est tellement vraie, tellement âpre, qu'elle dépasse souvent l'imagination. C'est notre Zola. Beaucoup de ses histoires sont basées sur des personnes qu'il a connues, sur des lieux qu'il connaissait bien, et sur son expérience en Patagonie. Coloane était venu par exemple dans notre région pour rencontrer un homme à l'état brut (*un hombre bruto*). Ce dernier savait à peine parler et vivait comme un sauvage dans un lieu isolé, à l'embouchure du rio Baker. Coloane alla lui rendre visite, lui demanda comment il faisait pour vivre, pour manger, pour dormir. Cet homme solitaire vivait de la chasse. Quand il avait faim, il tuait une bête ou il pêchait un poisson. Et voilà, Coloane en tira une nouvelle où la réalité dépasse la fiction. Coloane est un « grand communicatif », un homme qui parle et qui veut toujours parler plus avec les autres et écrire sur les autres. Toujours avec enthousiasme, même si la réalité est souvent noire. On peut le définir comme un aventurier, mais surtout comme un grand artiste réaliste qui a décrit la réalité comme il l'a vue. Il n'y a pas beaucoup de femmes dans ses récits car il ne s'enthousiasmait pas beaucoup pour elles, gentiment misogyne, vous ne croyez pas ? Dans tous les cas, voilà bel et bien un homme dont toute la vie a été occupée à écrire sur la Patagonie.

Le crépuscule a soudain enveloppé Coyhaique, déroulant son cortège d'ombres sous les étoiles du sud. C'est une vraie petite ville, et non une de ces nombreuses localités de taille lilliputienne qui jalonnent la Carretera Austral. A l'auberge,

Juan Carlos a préparé le repas qu'il sert autour d'une petite table. Il me parle à nouveau de cette *Ruta 7* qu'il connaît par cœur, pour la bonne raison qu'il est chauffeur de bus. Il la parcourt plusieurs fois par semaine, été comme hiver, « même si la piste est recouverte d'une épaisse couche de neige ». J'ai remarqué un tronçon de plusieurs kilomètres de Carretera Austral, avant Coyhaique, qui a été recouvert de macadam. Sous l'asphalte, la piste caillouteuse perdra une grande partie de son âme, de son caractère aventureux. C'est peut-être son destin de route sud-américaine que de finir sous des couches d'asphalte pour être efficace. Cette pensée me laisse perplexe. Revêtir de macadam la Carretera Austral semble être, à long terme, une perspective rassurante pour Juan Carlos. Au dessert, il évoque la dictature de Pinochet. A cette époque, il vivait dans la capitale chilienne. Il a connu la terreur et l'effroi de ces années lugubres. « Près de soixante mille personnes assassinées sous Pinochet par les sbires de la DINA… des victimes éventrées par les soldats et jetées des hélicoptères dans la mer, des milliers d'arrestations et de disparitions, des descentes de police et des fouilles dans les maisons, des milliers d'exilés en fuite à l'étranger. » Pour Juan Carlos, il aurait mieux valu que Pinochet restât à Londres et qu'il soit jugé à l'étranger. Il fait un geste de la main qui signifie : un gars comme ça, il faut lui couper la tête. Ce qu'il me raconte achève de me plonger dans une humeur morose. J'y échappe en prenant congé.

L'expert en pluviométrie de la région d'Aisén, Luis Castaneda, de la station météorologique de Coyhaique, déroule de magnifiques cartes géographiques sur son bureau, sur lesquelles figurent des graphiques aux pointes anguleuses, des courbes qui montent et descendent en montagnes russes, des colonnes de chiffres. Inutile de commenter ce qui est l'évidence même : je voyage dans une des régions les plus pluvieuses du monde.

— Ce sont les flancs et les sommets des mers de glace (Campo de Hielo) qui reçoivent le plus d'eau, entre six et huit mètres par an !

En sortant de son bureau, je suis convaincu. Il faudrait bien étudier de plus près la piste du pulvérisateur géant manipulé par un dieu andin maléfique qui abhorre certainement le soleil, alors qu'au nom de ses ancêtres il devrait l'adorer.

L'homme qui veut sauver la Patagonie

Douglas Tompkins, du parc Pumalin, m'a recommandé de rencontrer Peter Hartmann, directeur du Comité National pour la Défense de la Faune et de la Flore (CODEF) qui vit à Coyhaique. Il est très occupé et me propose un rendez-vous pour le soir. Nous nous retrouvons après le dîner. Inspiré, passionné, pugnace, il y a chez cet homme quelque chose des visionnaires du siècle des Lumières. Peter Hartmann est celui qui connaît le mieux la Patagonie chilienne sous l'angle de la défense de son écosystème. Ainsi ne se fait-il pas que des amis. Après ses études universitaires à Santiago, il s'est lancé dans le métier d'architecte spécialisé dans l'aménagement du territoire. Il s'est installé à Coyhaique en 1984. Chargé d'effectuer des études de terrain, il arrive en 1997 dans la région de Palena et de Lago Yelcho, séjourne plusieurs mois à Caleta Tortel, explore des pans entiers de la carte australe, seul et à pied, avec l'œil de l'expert. Le CODEF qu'il dirige est une organisation non gouvernementale, sans but lucratif, dont l'objectif est l'action en faveur de l'environnement. Une ONG écolo, quoi !

— Notre but est de constituer une « réserve de vie » en Patagonie, ce qui signifie, à notre niveau local, maintenir, valoriser, promouvoir la qualité de l'environnement dans la région d'Aisén. Nous basons aussi notre travail sur le principe du développement durable. Créer une réserve de vie, cela suppose de travailler avec les personnalités de la politique et de l'économie locale. Sur le plan pratique, nous faisons beaucoup d'éducation et favorisons une prise de conscience chez les jeunes, mais pas uniquement chez eux. Notre organisation a une vocation éducative. Nous formons, nous éduquons, nous enseignons l'environnement.

— C'est un combat quotidien ?

— Oui. De tous les jours. Nous sommes devenus les plus farouches opposants aux mégaprojets qui se préparent dans la région et menacent l'environnement. Il existe notamment un projet d'implantation minière à Puerto Aisén (le projet Alumysa : la plus grande usine d'aluminium du monde, la plus polluante aussi) auquel nous sommes fermement hostiles. Notre action est souterraine mais nous agissons.

— De quel type d'écophilosophie s'agit-il ?

— Nous ne nous posons pas ce genre de question. Personnellement, je crois dans la philosophie de la cohérence. Quand je dis quelque chose, je dois accomplir cette chose. L'acte suit la parole. Je fais ce que je dis et je dis ce que je fais. Je ne peux pas dire aux autres de faire ce que je dis sans le faire moi-même. J'essaie donc d'appliquer des idées concrètes comme l'agriculture organique, d'installer des poubelles spéciales, des toilettes différentes, des constructions d'un autre style qui ne défigurent pas le paysage de la Patagonie. J'aime beaucoup l'écologie profonde.

— La forêt australe chilienne est-elle menacée ?

— Il faut savoir que la forêt couvrait la région d'Aisén sur plus de trois millions d'hectares, et que près de 50 % de celle-ci a disparu avec le feu. C'est un désastre au niveau mondial, un trou dans le poumon de la Terre. Un record de destruction. Les conséquences en sont d'autant plus graves pour la région : l'érosion des sols, la diminution de la biodiversité. Le principal problème de la forêt australe, c'est le développement de l'élevage. Dès que l'élevage avance, la forêt recule. C'est schématique, mais c'est la réalité. Dans la région d'Aisén, nous possédons la plus grande partie de la forêt primaire (*el bosque nativo*) du Chili. Cela ne veut pas dire que cette forêt est exploitable économiquement, ni que l'on puisse en tirer du bois. Mais en raison de ce patrimoine naturel considérable dont nous sommes les gardiens, nous voulons montrer aux gens que la forêt mérite d'être protégée pour elle-même. Si nous ne le faisons pas, les entreprises vont continuer à l'exploiter sans discernement, comme c'est le cas maintenant : surexploitation, coupe excessive d'arbres, érosion des sols, exploitation du bois dans des zones boisées trop hautes. Autre problème, notre organisme d'Etat, le CONAF, correspondant à vos Eaux et Forêts en France, se montre trop faible en cas de contentieux ou devant des juges permissifs.

— Peut-on concilier la protection et l'exploitation de la forêt ?

— Possible mais très difficile car contradictoire. Ce serait ce que l'on appelle un « luxe substantiel ». Si on coupe un arbre, on le tue. Si on ne le coupe pas, on le protège. Pour arriver à concilier protection et exploitation, il faudra beaucoup d'intelligence et de bonne volonté, de compromis peut-être. Le problème vient aussi des entreprises forestières qui travaillent grâce aux crédits des banques, et par conséquent elles ne pensent qu'à la rentabilité immédiate de la forêt chilienne. Et ma philosophie dit que la rentabilité à court terme c'est la ruine à long terme.

— Pensez-vous que le parc Pumalin, de Douglas Tompkins, puisse servir d'exemple dans le futur, ici et ailleurs dans le monde ?

— Pumalin est un projet nouveau et original pour le Chili, qui a rencontré beaucoup de résistance, a suscité de grandes polémiques. Le Pumalin est une action démonstrative d'une part, et protectionniste d'autre part. En tant qu'architecte spécialisé dans la planification régionale, je connais le secteur de Douglas Tompkins depuis 1977, avant que Tompkins n'y arrive. Je pense que ce qu'il a fait est la meilleure chose qui soit arrivée à cette partie de la Patagonie. La même initiative pourrait se faire ici, à Caleta Tortel. Nous proposons d'y créer une zone protégée. C'est un village bien situé, dans un paysage magnifique mais fragile,

— La Carretera Austral est-elle un bienfait pour la Patagonie chilienne ?

— Ah, c'est un vaste sujet que cette route australe ! Elle a été construite d'une drôle de façon. Au départ, dans les années 70, l'idée était de relier les villes de la cordillère des Andes à celles du littoral pacifique, selon un axe est-ouest. Puis arriva Pinochet et sa vision géopolitique du pays. En bon militaire, il ne vit qu'une chose préoccupante : l'imminence d'un conflit avec l'Argentine. En 1978, les deux pays s'affrontaient à propos du canal de Beagle. On était sur le pied de guerre. Pinochet décida de construire cette route longitudinale, et non des routes transversales, afin de faciliter le transport des troupes en cas de conflit et d'acheminer ainsi le matériel et les hommes le plus rapidement possible depuis le nord du pays vers le sud. Les ingénieurs des travaux publics durent construire des ponts pouvant supporter le passage de véhicules de plus de trente tonnes ! Trente tonnes, c'est le poids d'un char d'assaut. Quand les travaux commencèrent, la route fut ouverte à l'explosif, et les habitants furent contents de voir qu'une route terrestre arrivait chez eux. Les militaires en profitèrent pour essayer de gagner une certaine légitimité populaire en disant : c'est pour vous que nous avons construit le *camino austral.* C'est clair que cette route n'a pas été construite pour aider la population locale. Aujourd'hui, elle traverse un secteur géographique très fragile sur le plan écologique. Là surtout est le danger. La route me fait l'effet d'une pieuvre tentaculaire, dont la tête se trouve à Santiago et l'œil chez les banquiers. En fait, elle peut être aussi positive que négative. Je vais vous en donner la preuve. Une anecdote révélatrice. Ici, dans la province d'Aisén, il existe une tradition selon laquelle on doit laisser les portes des maisons ouvertes par hospitalité. Les voyageurs peuvent ainsi entrer à n'importe quel moment, se réchauffer, se nourrir, se reposer. Depuis l'ouverture de la route, des camionneurs sont venus, ont pénétré dans les maisons pour voler. Résultat, les propriétaires cadenassent leurs maisons. Voilà une merveilleuse tradition qui va mourir à cause de cette route. Autre aspect négatif, la route agit comme un aspirateur de ressources. Celles-ci sont pompées, peut-on dire, vers l'extérieur, c'est une fausse économie mais un vrai vol.

— Dans l'histoire de la Patagonie, on croise des idéalistes, des utopistes, des aventuriers qui veulent refaire le monde tout en le fuyant. D'où vient cette attirance ?

— En 1957, l'Italienne Doña Eugenia Pirzio Biroli de Godoy débarqua à Puerto Cisnes. Très cultivée et obstinée, elle mit toute son énergie au service du village, créa une fondation, obtint de l'Etat des terres pour construire une école agricole destinée aux orphelins. Elle était animée par une forme d'utopie généreuse. De même, la colonie allemande de Puyuhuapi réalisa une forme concrète d'utopie pionnière. Ils créèrent un monde nouveau après avoir tourné le dos à l'Europe ravagée par la guerre. D'autres personnes vinrent en Patagonie en prétendant que c'était une « terre magique ». Don Bosco avait vu la Patagonie dans un rêve. Elle lui apparut comme la promesse d'un monde vierge, débarrassé des impuretés et des fautes de l'ancien monde. La Patagonie attira aussi les Espagnols qui cherchaient l'or de la prétendue Cité des Césars, dont je vous ai déjà parlé. Personnellement, je pense faire partie des utopistes pratiques, des idéalistes de terrain qui pensent et agissent en conséquence. Bien sûr, il y a l'ingénieur Horvath, le défenseur acharné de la Carretera Austral. Horvath est venu ici accomplir son rêve de grandeur. C'est son utopie à lui et elle s'est matérialisée. Oui, la Patagonie a servi et sert de refuge aux utopistes et aux rêveurs. N'oublions pas qu'elle fut aussi une prison en plein air où étaient relégués des prisonniers politiques et des condamnés de droit commun. Le grand stade. Ce fut le cas sous la dictature de Pinochet. Une chose est sûre, aujourd'hui la plupart des gens qui accourent en Patagonie y viennent pour faire de l'argent, voilà tout. Les fonctionnaires de l'Etat, les militaires, les policiers qui résident en Patagonie voient leur solde doubler ou tripler. Ils ne font que passer et ne laissent rien. La Patagonie n'est qu'un couloir pour ces gens-là. Lentement, et heureusement, les choses sont en train de changer.

Depuis Coyhaique, les passagers du minibus n'ont guère discuté entre eux. Le paysage change à nouveau. Envolées les forêts, disparue la mer verte des arbres, évanouis les fantômes funèbres tapis au fond des bois noirs et humides. Quelques bosquets parsèment une vaste plaine d'herbes jaunes, dominée au loin par des monts secs et rocailleux. La Carretera Austral, grise et caillouteuse comme à son habitude, dégage des traînées poussiéreuses. Je reconnais le cycliste japonais de Puyuhuapi qui poursuit son chemin le dos courbé sur sa bicyclette réparée, tenace et toujours décidé à se rendre là-bas en Terre de Feu. Des canyons abrupts se dessinent, des vallons se creusent, les arbres deviennent rares, et les champs semblent rétrécir à mesure que l'on descend vers le sud. Même la pluie s'est retirée momentanément, comme si cet élément en avait assez de tomber sur la terre. Un vent sec plie les buissons et les taillis. Tout cela évoque une Patagonie de transition, une micro région qui se dépouille, se démasque en se dénudant, annonçant les pampas du grand Sud. Un long tapis vert et horizontal se déroule au bord d'une sorte de petite mer intérieure aux eaux d'émeraude. Mirage ou miracle? Le bus arrive à Puerto Ibañez, bourgade étendue dans une plaine lacustre, où les champs et les prés ont repris vie, protégés des vents des plateaux par des haies de peupliers (*alamos*). Une poignée de maisons en brique, aux couleurs ternies, des baraques en bois couvertes de tôles, voilà tout. Le véhicule embarque sur un bateau qui traverse le lac General Carrera où la surface de l'eau présente une tonalité bleu électrique. Je suis assis près d'une porte qui ne cesse de claquer au rythme des mouvements du bateau. Un tas de cordes enroulées en spirale me sert de siège et je retrouve un peu de stabilité pour écrire.

La maison des Belges à Chile Chico

Des arbres pliés par le vent austral donnent un semblant de gaieté à la place centrale de Chile Chico, une ville située sur la rive sud du lac General Carrera où a accosté le *transbordador.* Le vent règne en maître, mais les pastèques et les pêches parviennent à pousser à l'abri des hautes haies d'arbres. On se prépare à faire la fête pendant une semaine. Des éventaires en bois et des tables improvisées proposent des frites, des petits plats et des boissons. On entend des chansons populaires diffusées par des hauts parleurs de kermesse. Au café Loly y Elisabeth, une télévision braille les commentaires d'un match de football dans une salle triste. J'avais entendu parler de la Casa Belga, la maison des Belges, qui se trouve à Chile Chico. Cette demeure a appartenu à une famille originaire de Belgique. Le patriarche de cette lignée, Don Gabriel d'Halleux, un homme ingénieux et créatif, s'ennuyait en Belgique après la Seconde Guerre mondiale. Il rêvait de grands espaces où il pourrait réaliser son utopie personnelle, loin de l'étroitesse surpeuplée de son pays. Enthousiasmé par ses lectures sur la Patagonie, il décida de quitter la Wallonie pour le Chili, embarquant ses malles, sa femme et sa ribambelle de gosses à bord du paquebot. Il s'installa à Chile Chico où les terres coûtaient quelques pincées de pesos l'hectare et devint un pionnier audacieux, organisé, s'adaptant au meilleur comme au pire. Dans le pire, il y avait la rudesse du climat, le vent surtout, plus que la pluie. Don Gabriel d'Halleux mena l'existence de fermier patagon avec l'esprit boy-scout. Sans sourciller, il éleva ses enfants à la dure dans ce nouveau paysage sans limites. En bon gentilhomme, il affronta les obstacles sans jamais perdre espoir, fidèle à une sorte de voix intérieure qui lui soufflait : « Gabriel, ne regarde pas en arrière, va de l'avant, malgré les difficultés que tu rencontres. Tu arriveras ! »

Il arriva. Il ne réalisa pas vraiment ses objectifs économiques, mais son rêve en sortit intact. Il avait fait ce que les autres disaient vouloir faire sans jamais passer à l'acte. Sa marmaille avait quitté Chile Chico et s'était éparpillée aux quatre vents de l'Amérique du Sud et de l'Europe. Don Gabriel avait changé le cours normal de sa vie, emprunté une autre voie, plus aventureuse, refusant celle toute tracée par ses ancêtres. Il avait modifié la destinée naturelle de sa lignée sans la trahir, repartant à zéro au bout du monde, et là fut son génie. Il devait être enterré quelque part par ici. Dans la lumière matinale, Chile Chico paraît apaisée après les bourrasques de la veille. J'ai remonté une allée étroite bordée de peupliers, le long d'un verger à l'abandon où traînent des sacs en plastique dans des herbes jaunies. La maison des Belges semble délaissée. Elle a été vendue à une compagnie minière. Un homme d'une quarantaine d'années m'ouvre la porte. Je l'ai réveillé et lui explique la raison de ma visite, il m'invite à entrer. Il connaît un peu l'histoire aventureuse de Don Gabriel et beaucoup l'histoire de l'or.

Chercheur d'or employé par une compagnie minière chilienne dépendant d'une puissante société américaine, il s'appelle Francisco et son lieu de travail, la mine de Fachinal, se trouve à une trentaine de kilomètres au sud de Chile Chico. Francisco habite dans la Casa Belga à la manière d'un célibataire logeant sur une plate-forme pétrolière ou près d'un chantier. Ici, c'est son baraquement, rien de plus. Prospecteur moderne, il travaille trente jours à Chile Chico, puis il cesse son activité les quinze jours suivants. Il prend alors l'avion pour retrouver sa femme et ses enfants à l'autre bout du pays. Je fais quelques pas dans cette maison des Belges qui ressemble à une grosse demeure bourgeoise posée dans son jardin, à l'écart des bruits de la route. L'esprit de Don Gabriel ne souffle plus. En cherchant bien, j'aurais pu débusquer quelques fantômes dans les chambres tristes et sans meubles. En vain, les quatorze pièces sont vides, ou presque. Et pourtant ces chambres désertées avaient été pleines de vie autrefois, résonnant des cris et des pleurs d'enfants, implosant de rires et de colères, une nichée d'espoirs et de chagrins. Je ne veux pas que Francisco devine mes pensées. Cette maison me fait penser à un vaisseau fantôme échoué sur la rive du lac. Le capitaine est définitivement mort. Francisco doit s'en aller à la mine. Je lui pose quelques questions sur le précieux métal. Il me répond brièvement car le moteur de sa camionnette gronde déjà au dehors.

— L'or que nous cherchons est incrusté dans des blocs de quartz que nous devons pulvériser au moyen de jets ultra puissants. Il faut se donner beaucoup de mal pour extraire cet or, mais il est de très bonne qualité.

A l'image de ce quartz, la maison des Belges avait aussi été pulvérisée et il n'en restait que l'or de la mémoire et des souvenirs enfuis. Francisco m'a avancé sur mon chemin. Le Chili ne ressemble pas à la Californie du temps de la ruée vers l'or.

Oh, non ! La Patagonie a néanmoins connu dans sa grande histoire des destinées romanesques, comme celle d'Antolin Silva Ormeño, cet homme rendu fou par l'or, dont m'a parlé Baldo Araya. Rien de comparable entre son destin et celui, inouï et pathétique, de John Sutter si bien raconté par Blaise Cendrars dans son roman historique *L'Or*. Antolin Silva Ormeño appartient aux plus belles pages de l'histoire locale où il figure dans les toutes premières places parmi les pionniers. Voici un inconnu célèbre, un homme ordinaire qui se lance dans des aventures extraordinaires, qui y prend goût au point de perdre la raison.

L'homme que l'or rendit fou

Il est né en 1882 à Mulchen, un village chilien du Bio-Bio, au cœur de l'Araucanie, cette région désignée comme *La Frontera,* la frontière où le conquistador espagnol se heurta violemment aux Mapuches. Très tôt, Antolin, accompagné de son frère, passa de l'autre côté de la cordillère pour aller à Lago Blanco, en Argentine. De là, ils émigrèrent pour Valle Simpson, et finirent par se fixer en 1914 à Balmaceda, près du rio Palena, en Patagonie chilienne. Au début, Antolin était connu comme un *tumbero social,* un travailleur intérimaire qui s'active sporadiquement en changeant souvent de lieux. Au fond du fjord baigné par les eaux froides et sombres du Pacifique, il dessina les plans du nouveau village de Balmaceda. Il exerça plusieurs métiers : commerçant, agriculteur, éleveur. Son *estancia* comptait entre deux et trois mille moutons et des centaines de vaches, un cheptel qui lui rapporta beaucoup d'argent. La Première Guerre mondiale éclata, Antolin tenta de convaincre les propriétaires de ne pas abandonner leurs terres mais de les défendre coûte que coûte. Il devint le chef de file de la lutte et combattit avec une telle ardeur qu'on le surnomma « le Général », et même « Generalissimo des Forces du Sud ». La paix revenue, Antolin explora la région et se prit d'une passion pour les minerais et les métaux rares comme l'or. Au fil de ses reconnaissances, il découvrit un endroit nommé Puerto Cristal où il rencontra Inallao, un villageois qui se mit à son service. Puerto Cristal lui montra ainsi des minerais que sa fille Guillermina avait ramassés. Après analyse, Antolin vit que ce n'était que du plomb avec une forte teneur en zinc. Sans en faire part à son comparse Inallao, il acquit les terres où se cachaient les filons prometteurs, mettant la propriété à son nom comme dans un tour de passe passe. Ainsi naquit la mine Silva.

Très vite, la mine rapporta de l'argent, devenant la Compagnie minière d'Aisén. Quant à Inallao, déçu et se sentant trahi, il décampa, abandonna ses terres et s'installa à Fachinal, où il décéda sans avoir profité de ses découvertes, ni lui, ni sa famille. Antolin avait gagné la première partie. Il fallait cependant qu'il trouve de l'or, à tout prix, et non pas seulement de vulgaires minerais. L'or, l'or, l'or ! Il le cherchait jour et nuit, dans un état fébrile, comme sous hypnose, fouillant sans faiblir les entrailles de la terre et les flancs des montagnes. Antolin, comme Cortes avant lui et les conquistadors, avait été gagné par la fièvre de l'or, cette étrange maladie mentale, plus que physique, qui ne se guérit qu'avec la découverte des pépites brillantes. Mais voilà, le directeur de la Compagnie minière d'Aisén ne trouva pas l'or tant attendu. C'était une quête sans fin où l'or se dérobait sans cesse. Exalté, enrichi, de plus en plus obsédé par le métal jaune, Antolin s'installa à Bahia Erasmo. Après l'effervescence vint le temps de la défervescence. Son infortune le rendit amer et désespéré, et il se retira à Puerto Aisén, un village pluvieux où ses amis finirent par le conduire à l'asile. Il est mort en 1955. « Il était devenu fou parce qu'il n'avait pas trouvé d'or. Son obsession lui avait tourné la tête, m'avait dit le professeur Araya. Antolin pensait pouvoir gagner plus, s'enrichir encore plus vite ; or ici, on peut perdre la raison si l'on ne se soumet pas à la loi du temps. Ici, la richesse n'arrive pas du jour au lendemain, mais petit à petit, lentement, au terme d'un travail de fourmi. » Et puis peut-être les dieux lui faisaient-ils payer le prix de la trahison, d'avoir trahi Inallao.

Sur la route de Puerto Guadal

Dans la camionnette pour Puerto Guadal, mon voisin, un fermier, un vrai *campesino,* bavarde tantôt avec le chauffeur, tantôt avec la femme de celui-ci, assise à l'avant à côté de son époux. Ils voyagent en couple, toujours ensemble. Nous ne sommes que quatre passagers dans ce petit véhicule qui laisse une longue traînée de poussière après son passage. Le paysan patagon s'appelle Pedro Epifanio Burgos. Son père a fui l'Espagne pour le Chili du temps de la guerre civile espagnole. Comme beaucoup de réfugiés, les Burgos étaient partis en Patagonie pour y trouver la paix, la liberté, l'espace et travail. Pedro a bien connu Don Gabriel d'Halleux.

— C'était un homme sympathique, travailleur, un homme bien. La famille d'Halleux n'était pas venue seule à Chile

Chico, mais avec d'autres familles de Belgique. Ils formaient une communauté à part, une petite colonie belge.

Le paysage évoque à présent le pays des *cow-boys* de l'ouest américain. On voit très loin. Rien n'arrête le regard et le vent souffle dans un ciel bleu éclatant, tellement bleu que j'ai le sentiment d'avoir quitté la Patagonie chilienne si nuageuse et si pluvieuse. La terre sèche et poussiéreuse a pris des tons ocre, rose ou rouille. Quelques îlots de verdure rompent cette palette d'aridité, et la piste semble défiler plus vite. Pedro m'indique la mine d'or de Fachinal située sur le flanc d'une montagne rocheuse attachée à un vieux cratère aux parois usées et bosselées. Au fond brille un petit lac tel un miroir de fraîcheur dans un univers austère et asséché. La terre finira par boire le lac, c'est sûr, elle est tellement assoiffée.

La Gorge du Diable (*Garganta del Diablo*) devrait s'appeler la Gueule du Diable. Pedro se penche par-dessus le parapet du pont pour admirer ce ravin profond de cent trente mètres traversé par une rivière agitée. Les cailloux qu'il jette d'en haut lui renvoient en écho d'étranges sonorités. Des bruits sourds de carrosserie et de tôles. Une carcasse de voiture dort tout au fond de cette vertigineuse gorge. Il me donne l'explication.

— C'était un couple d'une quarantaine d'années qui venait de Puerto Tranquilo. Ils roulaient assez vite sur la Carretera et ils ont voulu, je pense, éviter à la dernière seconde une voiture immobilisée au milieu du pont. La vitesse, le pont à une voie, le ravin invisible du sommet de la butte, un virage aveugle, tout a été contre eux. Plutôt que de foncer sur l'autre voiture, ils ont donné un coup de volant à gauche. Leur voiture s'est jetée dans le ravin. Le reste, on peut l'imaginer. La carcasse est toujours là, mais les corps ont été remontés. Le soir de cet accident tragique, le diable de la *Ruta 7* n'a pas eu pitié de la jeunesse. Deux petites croix blanches sont plantées dans les buissons épineux, au bord du chemin.

Fachinal est le nom de la mine, mais aussi celui d'un hameau agricole situé sur les rives du lac Carrera. Les hautes haies de peupliers forment des paravents efficaces contre les assauts du vent. Des moutons, des vaches et des chevaux pâturent dans des herbes qui jaunissent. On croirait une ferme modèle sortie du catalogue d'une exposition du Mérite agricole. Les champs plats se terminent par une étroite plage de galets gris. Sans transition, la campagne s'achève dans les eaux bleu ciel du lac. Pedro le *campesino* nous quitte, pousse la barrière en bois de sa maison cachée dans un bosquet d'eucalyptus. Il empoigne un gros carton et un sac de farine. Une dame nous invite à partager de petits pains chauds juste sortis d'un fourneau à bois. Dehors, le vent a forci, pliant et dépliant les hautes branches des peupliers dans un mouvement répétitif et lassant. Un ami de Pedro échange quelques paroles. Il nous donne son avis, sans détour.

— Que ferais-je à Fachinal, si j'avais vingt ans ? Je m'en irais. *Claro que si,* ça c'est sûr.

Le dernier capitaine du lac Carrera

A Puerto Guadal, un petit homme moustachu et jovial tient une pension où je décide de poser mon sac. Son regard est perçant, sa voix nette, enjouée et sonore, et sa poignée de main franche et ferme.

— Impossible de mettre la main sur mon tube !

J'ai égaré un tube cylindrique cartonné dans lequel j'avais roulé une carte de la Patagonie.

— Vous cherchez un tube ? Eh bien, des tubes il y en a partout ici, ce sont les néons du plafond. Servez-vous !

Quemel Sade Guerrero a beaucoup d'humour. Il est plus connu sous le nom de Don Quemel, un personnage considéré par les habitants de Puerto Guadal : il est le vieux capitaine du lac Carrera. La mer, la grande affaire de sa vie, l'avait saisi très tôt et conduit au-delà des océans. A présent, il vit seul dans sa petite pension au bord du lac, un lac d'eau douce qu'il regarde comme son domaine privé. Capitaine retraité, il n'a plus la charge des bateaux mais celui des souvenirs. Sa mémoire, à l'image des cales d'un vaisseau, abrite une cargaison d'images du passé, des caisses de songes et de rêves évanouis.

Il est né en 1926 à Maullin, près de Puerto Montt, d'un père d'origine syro-libanaise, « mahométan et analphabète », me dit-il, et d'une mère chilienne d'origine allemande.

— Mon père s'est battu contre les troupes françaises au Liban au temps du protectorat, et il s'est enfui afin d'échapper à la police qui le recherchait comme rebelle dangereux. On le pourchassa comme un criminel.

La paix revenue, Quemel fut envoyé au Liban où il passa une dizaine d'années. A l'école, on se moquait de lui en le montrant du doigt. C'était « le Chilien ». Mais il revint un jour au Chili à bord d'une « ville flottante », l'*Horacio,* un immense paquebot qui mettait un mois pour relier le port de Marseille à Valparaiso, en passant par le détroit de Magellan proche du cap Horn. A seize ans, le jeune adolescent rêvait de devenir marin. Ayant appris le métier de la mer, il vécut à Viña del Mar, puis en Argentine à Comodoro Rivadavia, sur la côte atlantique. Après son mariage et la naissance de ses cinq enfants, il sentit la roue du destin tourner dans un autre sens.

Il lui fallut renoncer momentanément, puis définitivement, à la mer, par amour autant que par nécessité. Il étouffa son orgueil, jugula son ambition, et se retira avec femme et enfants à Puerto Guadal, une modeste bourgade au bord du lac Carrera. Pour survivre, il resta capitaine, continuant avec le plus grand sérieux à s'occuper des bateaux et du trafic maritime. Par une étrange ironie du sort, Don Quemel, l'homme du grand large, est progressivement devenu un marin d'eau douce !

Un lac s'est substitué aux deux grands océans. Il la regrette la mer et son ancienne liberté qu'il a dû échanger contre un monde aquatique clos sur lui-même. Abandonner le Pacifique pour un aquarium. La mer aux horizons infinis lui est devenue invisible et, pour ne pas sombrer dans la mélancolie, son esprit se nourrit d'une mer imaginaire. Il a spiritualisé l'océan, tandis qu'au jour le jour il se contente d'accomplir sa tâche avec devoir, sans passion. L'océan Pacifique n'est pourtant qu'à une centaine de kilomètres de Puerto Guadal, immense et caché derrière la muraille du glacier San Rafael et la masse blanche et gelée de la mer de glace du Campo de Hielo Norte. Don Quemel a-t-il un secret, une mystérieuse amulette mentale, une formule particulière pour garder tant d'allégresse et de gentillesse dans sa solitude ? Il me répond par quelques réflexions que j'interprète ainsi : si on est sincère avec soi-même, on ne souffre pas des choix que l'on fait. Et aussi : rien n'est permanent, tout change, il faut savoir se détacher même de ses passions. Le centre du monde n'est pas un lieu géographique, mais il se trouve en chacun de nous. Le centre du monde, c'est là où nous sommes dans le moment présent. Je n'ai pas été décontenancé par ses propos à décrypter car j'y ai vu un sens oriental caché, presque bouddhiste. Ou après tout cachait-il sa nostalgie dans le pragmatisme des mots ?

Un boulanger argentin de Buenos Aires a accepté de me conduire plus en avant sur la route australe. Je descends au bord du chemin et attends auprès d'un cabanon en bois. Sous la pluie retrouvée, les buissons asséchés reprennent des couleurs en dégageant des parfums d'encens et de maquis méditerranéen. Je marche sur la route grise. Une camionnette s'arrête. Le chauffeur me propose d'embarquer dans la benne arrière, où je me retrouve comprimé entre les tubes et les pédales de deux vélos tout terrain. Le vent souffle si fort qu'il emporte un morceau de ma cape javanaise, puis toute la cape s'envole d'un coup sec sans que je puisse la retenir. Je ne savais pas ce vieil Eole aussi chapardeur.

Les démons du rio Baker

Puerto Bertrand ! Difficile de concevoir un havre plus paisible et plus naturel que ce village niché au bord du rio Baker. J'en ai traversé des villages de pionniers ! Celui-ci les surpasse tous, en sérénité et en beauté. Quelques chalets en rondins nichés sur la rive d'un fjord aux eaux turquoise, le tout dominé par des montagnes qui passent successivement du vert au blanc à mesure que l'on grimpe vers les cimes enneigées. Tels d'étranges puissances tutélaires, des glaciers couronnent ce paysage de genèse. La forêt commence au bout des jardins. On saute une haie, et aussitôt les bois sombres déroulent leurs sortilèges. Situé dans un cul de sac, Puerto Bertrand vit au rythme du rio Baker et la Carretera Austral n'est plus que la branche en impasse d'une piste interminable.

Réputé pour sa splendeur, le rio Baker a été décrit par les géographes comme le cours d'eau le plus redoutable et le plus torrentueux du Chili. Les villageois l'aiment, l'admirent, mais le craignent. Ne vous fiez pas à ses eaux bleues, mauves et tourmaline, ce *rio* est une brute féroce qui se dissimule sous le masque d'un petit marquis patagon. Il naît dans les eaux douces du lac Beltran, lui-même déversoir du grand lac Carrera. Puis il dégringole en grondant, en bouillonnant jusqu'au Pacifique. Le rio Baker ne connaît pas de repos. Il ne se sent à l'aise que dans l'excès de vitesse. Il coule paisiblement, il mugit dans des rapides, avant de se calmer aussitôt après. Il agit par saccades, il dévale et s'engouffre, puis, comme apaisé sur une courte distance, il se remet à dévaler trois kilomètres plus loin, entre les glaces et les forêts. Cent quatre-vingts kilomètres de nervosité liquide dans une nature indomptée. Le rio Baker fait chaque année des victimes : c'est un cimetière. C'est le cimetière des imprudents. Il n'est pas de famille de Puerto Bertrand qui n'ait perdu un des siens dans ses eaux trompeuses. Un séduisant démon ! Dans les années 20, des colons tentèrent de le domestiquer. Ils s'installèrent sur ses rives, utilisant le rio Baker pour transporter des marchandises et les acheminer jusqu'aux hameaux isolés. Ces hommes endurcis vivaient de leur pêche. A présent, cette région est reconnue comme une des plus sauvages et des plus fragiles du Chili. L'endroit s'appelle Cuenca Binacional, la Conque Binationale, un drôle de terme qui désigne la ligne de partage des eaux entre les versants chilien et argentin.

Jonathan Wesley a quitté son Colorado natal et son village d'Evergreen au nom prédestiné pour traverser l'Amérique du Sud et escalader les glaciers du Campo de Hielo Sur. Il n'est pas revenu à la maison et vit dans un chalet au bord du rio Baker.

— C'était un cadeau de la nature et de Dieu. On ne peut pas trouver des eaux aussi bleues au pied des glaciers, même aux Etats-Unis. Après sept mois de voyage, je suis arrivé à Puerto Bertrand et là j'ai pensé : *this is the place*. C'est l'endroit où je dois me fixer. Le site m'a tellement envoûté que j'y suis resté. J'aime cette rivière autant que je la déteste. Mais je la respecte toujours car j'en connais les charmes et les dangers, en particulier les rapides qui sont impressionnants. Mais ce ne sont pas les plus terribles du monde. Pourquoi je vis ici ? Vous savez j'ai l'impression qu'il y a beaucoup de draps sales sur la planète. Or moi je ne veux pas dormir dans ces draps-là, mais dans un lit avec des draps propres. Je pense que je mourrai ici.

Il parle de la rivière comme d'une personne chère. Sous la pluie fine pulvérisée dans la vallée, le village de Puerto Bertrand aurait pu être une bonne base pour recommencer le monde et réapprendre la vie sur terre après une apocalypse nucléaire. Je poursuis ma route vers Cochrane. La Carretera Austral passe près de la confluence du rio Baker et d'une autre rivière au nom évocateur, le rio Nef. Le gouvernement chilien prévoit de construire à cet endroit un immense barrage hydroélectrique pour alimenter en électricité le sud de la Patagonie. Ce choix plus économique qu'écologique bouleversera le paysage et aura des conséquences considérables sur l'environnement. Le rio Baker finira-il par se ranger dans la catégories des rivières domestiquées ? Aménagé, contrôlé, sectionné, le rio Baker lui aussi peut disparaître dans les griffes du progrès.

CHAPITRE VI

LA VALLÉE DES HOMMES LIBRES

Il me fallut des années pour comprendre que le plus important dans le voyage pour un écrivain ce sont les gens parmi lesquels il se trouve.
V. S. Naipaul, *Jusqu'au bout de la foi*

Un Ecossais s'est battu pour la liberté du Chili. Sa vie peu connue ressemble au destin d'un mercenaire de première classe. Lord Thomas Cochrane (1775-1860), comte de Dundonald, venait de Lanark, entre Glasgow et Edimbourg. Comme beaucoup d'Ecossais à l'âme aventureuse, il fut atteint par la fièvre des horizons lointains et s'engagea dans la marine de guerre britannique où il se distingua par sa bravoure. Pendant les guerres napoléoniennes, il se fit remarquer, mais l'Amirauté ne l'appréciant pas, il se retira. Il fit alors de la politique et fut élu député de l'opposition affilié au parti libéral. En 1814, le gentilhomme écossais fut accusé de fraude et de divulgation d'informations politiques à des fins vénales. Expulsé du Parlement, arrêté, puis emprisonné, il paya une caution élevée pour acheter sa liberté. Grâce à une souscription populaire, l'argent de la caution fut réuni et Cochrane sortit de prison. Il fut réélu député malgré cela. Il quitta la

Grande-Bretagne et s'embarqua pour l'Amérique du Sud où il s'installa au Chili, avec sa femme, ses enfants et quelques officiers qui lui étaient restés fidèles. De 1818 à 1821, il combattit pour l'indépendance du Chili, se distingua sur les champs de bataille, à Callao et à Valdivia. Humilié dans sa patrie, Cochrane fut accueilli en héros à Santiago du Chili. Il y avait quelque chose d'un La Fayette chez ce lord audacieux se mettant au service d'une cause étrangère. Il entra ensuite au service du Brésil, qui arracha son indépendance à la couronne du Portugal en 1822. Mais l'aventurier mercenaire en réclamait encore! Il s'embarqua pour la Grèce en 1827 et, comme Lord Byron, combattit pour l'indépendance de ce pays désireux de se libérer du joug ottoman. Après le fracas des armes, vint l'heure des honneurs et des récompenses. En 1832, réhabilité, le roi Guillermo IV lui accorda les étoiles de contre-amiral.

Et c'est pourquoi aujourd'hui cette petite ville du sud de la Patagonie chilienne s'appelle Cochrane. Les vastes horizons patagons évoquent parfois les monts chauves et les lacs d'Ecosse, même si ici on ne produit guère de whisky et si les villes n'ont pas la patine d'Edimbourg.

Je suis passé à la banque del Estado del Chile. Un employé à barbichette a vu mon nom sur le formulaire et m'a demandé si j'étais bien le Français qui avait téléphoné à son fils Camilo. Peu de temps après, sur la place centrale, un jeune homme d'une vingtaine d'années arrive vers moi. C'est Camilo. Il est étudiant en journalisme à Valdivia et passe ses vacances d'été, de décembre à mars, chez ses parents à Cochrane. Il m'a invité chez lui. La maison se trouve à l'écart de la ville, sur un flanc de colline d'où l'œil découvre un vaste paysage de collines marquées par le déboisement. Des pans entiers de forêt ont disparu. L'imprudence des colons et les ravages du feu ont laissé des stigmates qui mettront des années à disparaître. Camilo m'explique la raison de ce désastre écologique. En 1948, le feu a dévasté la région pendant une année. L'incendie fut si tenace et vigoureux que même en hiver le feu continuait son œuvre destructrice sous la couche de neige. Dans le salon, un piano voisine avec des harnais en cuir, des lassos, des instruments équestres. Sur les murs, un fusain représente le poète chilien Pablo Neruda coiffé d'une casquette et un autre le président Salvador Allende méditatif derrière ses lunettes d'intellectuel. Le frère de Camilo écoute un disque de Jimmy Page. Chez lui, on remarque d'abord le petit bouc et deux yeux noirs dans un visage poupin. Il étudie à Osorno et apprécie les jeux informatiques.

Les Guttierez, une famille patagone

A l'heure du déjeuner, la silhouette athlétique du père des deux jeunes gens a surgi dans la pièce. Il était coiffé d'un chapeau au large rebord noir comme ceux des gauchos de la pampa, mais en plus stylisé. Jaime Omar Guttierez se montre attentif à mon projet de poursuivre la route australe jusqu'à Villa O'Higgins. Nous partons en ville à la recherche d'un moyen de transport. Les bus ne roulent ni le samedi, ni le dimanche. Jaime a contacté un de ses amis qui peut louer sa voiture. Celui-ci nous avoue qu'il n'est pas question de rouler avec des pneus pourris. Nous cherchons un véhicule en meilleur état. Camilo me conduit chez Washington Neira, qui travaille dans une scierie et possède une Jeep tout terrain. Après un temps de réflexion, il accepte. Au retour, le chemin longe le terrain de rodéo de Cochrane qui consiste en un champ bordé de peupliers au bord du rio Cochrane. Camilo aime la Patagonie.

— Je me sens comme un Indien mapuche. Je pense mapuche. Il faut défendre et protéger cette terre. Je ne suis pas écologiste, mais je ne suis pas non plus dans la masse des indifférents.

La nuit est tombée. Il m'invite à parler devant le micro de la radio locale où il s'occupe d'une émission régulière, puis nous rentrons. Jaime s'active dans la cuisine et me demande de l'aider.

— Olivier, entre dans la cuisine, c'est une tradition chilienne ! Les invités doivent venir dans la cuisine pour parler et tenir compagnie à celui ou celle qui s'affaire aux plats et dans les fourneaux. Et en même temps on boit de la bière ou du *pisco*.

Je fais la connaissance de la famille. Judith, son épouse, me parle de son frère photographe que j'ai rencontré sur la piste à Caleta Gonzalo dans le parc Pumalin. Jaime et Judith ne sont pas des ambassadeurs en mission, mais leur jovialité et leur hospitalité m'ont touché, en me laissant un goût de famille retrouvée. Je voyage depuis des semaines, le moment est venu de faire une petite escale dans une famille d'adoption. Au cours du dîner, la conversation rebondit sur des sujets variés. Camilo parle d'Ernesto Che Guevara, le Che. Il pense que le *guerillo heroico* cubain a aussi une autre facette, moins connue, moins brillante, ce qui visiblement déplaît à son père.

— Personne n'aurait fait ce qu'il a fait, personne n'avait sa cohérence morale, sa rectitude intellectuelle, sa conscience active. Le Che est une personnalité exceptionnelle. Pour moi, je ne vois que deux « grands » : lui et Gramsci.

Judith enchaîna.

— C'est vrai, depuis Simon Bolivar, personne n'avait levé une telle espérance en Amérique latine.

Camilo ajoute.

— Le Che est un grand guérillero, un combattant qui est parvenu avec ses compagnons à renverser la dictature de Batista à La Havane. Et il a parlé pour les autres pays d'Amérique latine en quête d'une voix pour se libérer. C'est vrai. Mais regardez ce qui se passe à Cuba, ça ne marche pas si bien que cela. Le système a appauvri le peuple et enrichi une petite élite de privilégiés de la *nomenklatura*.

La soirée conviviale se termine par quelques pas de danse. Jaime chante en s'accompagnant de sa guitare. On m'invite à dormir dans la chambre d'ami sur un lit superposé. Dehors, dans la pénombre, une silhouette, le fantôme du Che peut-être.

En choisissant les prénoms de leurs enfants, Jaime et Judith se sont inspirés de la grande histoire de l'Amérique latine. Camilo a reçu le triple prénom de Camilo Inti Ernesto en souvenir d'un révolutionnaire colombien nommé Camilo, d'un compagnon du Che nommé Inti et enfin du Che lui-même dont le prénom était Ernesto. La jeune sœur de Camilo s'appelle Paola Francisca Emiliana. Paola évoque le féminin de Pablo comme Pablo Neruda. Francisca rappelle un autre révolutionnaire mexicain, Francisco Villa. Et Emiliana était un clin d'œil au célèbre Emiliano Zapata, le fameux justicier mexicain. Quant à Jaime, il a comme deuxième prénom Salvador en hommage à Salvador Allende.

Jaime entre torse nu dans la chambre. J'ai la gueule de bois. Il me propose une bière au réveil. Quoi ? Je n'en veux pas.

— Ce qui te fait du mal te soigne.

— C'est de qui cette sentence ?

— C'est dans *Lazarillo de Tormes,* un chef-d'œuvre de la littérature picaresque espagnole. Tu dois le lire.

Qui aurait cru que l'inventeur littéraire de l'homéopathie fut un auteur picaresque !

Plus tard dans la matinée, nous découvrons ensemble et à pied les rues de Cochrane. Il me raconte son histoire et ses années noires. Sous la dictature de Pinochet, Jaime a été arrêté et emprisonné durant trois mois à Santiago, puis trois autres mois à Puerto Montt. Sa carrière professionnelle en a été bouleversée. On le relégua pendant huit années à Puerto Natales dans l'extrême sud de la Patagonie. Cet exil me faisait penser aux déportations en Sibérie du temps des tsars. A Puerto Natales, il pouvait travailler et se faire des amis. Il épousa Judith, puis le couple s'installa à Cochrane, plus au nord, où leurs enfants avaient grandi.

Au bar Rogeri, alors que je bavarde avec Jaime, dehors un cavalier met pied à terre, entre et salue Jaime, commande un verre, puis repart aussitôt. Sa silhouette évoque autant celle d'un *cow-boy* de l'Arizona que d'un gaucho argentin. Jaime le connaît bien : c'est Washington Baez, un exilé chilien revenu à Cochrane où il s'occupe d'un domaine hérité de son père. J'ai eu le sentiment un instant de ne plus être chez Rogeri mais dans un saloon.

L'exil est un long voyage triste

Des villageois m'avaient dit de lui : il est un peu fou, il se prend pour Buffalo Bill et se balade à cheval avec une carabine

Winchester à l'épaule et un couteau à la ceinture. Cette description caricaturale me donna envie de le rencontrer. Je me suis rendu à pied à l'estancia Fundo Santa Maria, un grand domaine de près de trois mille hectares composé essentiellement de prairies étendues au pied d'une ligne de collines en partie boisées.

Washington Baez m'invite à présent à m'asseoir près d'un fourneau à bois qui ronronne. Comme chez les gauchos de la pampa, il m'offre le *maté,* une infusion de feuilles provenant d'un arbuste éponyme voisin du houx. Surnommé aussi le thé des Jésuites, on le sert dans une tasse ou dans un récipient métallique aux bords resserrés et on aspire le liquide à l'aide d'une sorte de pipette métallique.

— C'est une boisson tonique qui vient des Indiens, me dit-il, réputée pour ses vertus diurétiques. Elle élimine les graisses, surtout quand on mange trop de viande. Les feuilles viennent du Paraguay. C'est une vieille tradition des Indiens guaranis.

Il est précis et pratique dans ses propos. Son visage encadré par une barbe grisonnante lui donne une autorité naturelle et rassurante. Son regard en dit long sur les aventures et les épreuves qu'il a connues. Un physique, une physionomie de *caballero errante,* de chevalier errant. Sa taille, son visage, sa démarche et sa vision du monde évoquent un Don Quichotte, un hidalgo patagon qui aurait suivi les leçons de sagesse et de bon sens de Sancho Pança. Il y a aussi un maquisard en lui. La tête dans les étoiles, mais les pieds sur terre. En marchant à travers les prés et les champs du domaine, Washington Baez reconnaît les plantes, les cultures et les arbres. Il les nomme les uns après les autres, comme un professeur d'histoire naturelle préparant un herbier ou un agronome à la recherche de nouvelles idées. Ici, des *salix* au bord d'un ruisseau, puis un bosquet de pins (*pinus Ponderosa*) vieux de trente-sept ans. Il avait dix-sept ans quand ces arbres ont été plantés. Là, se dressent des épicéas Douglas, des pommiers poussent dans un verger, des plants de rhubarbe *Ballica* sortent en touffes, on les utilise dans la fabrication de la *chicha*. J'apprends aussi que la race Brahman produit des vaches très résistantes aux insectes et que le *paso doble* (pas double) est d'abord une façon de marcher en comptant ses pas et en mesurant les distances avant d'être une danse d'origine sud-américaine. Le système est simple et judicieux. Il suffit de marcher régulièrement en comptant ses pas pour connaître le nombre de mètres effectués. Un pas double chez un adulte normal équivaut à une longueur d'environ un mètre soixante-six. Trois pas double, trois *paso doble* donc, valent cinq mètres, et au terme de soixante pas double on a effectué cent mètres ! Et ainsi de suite. J'appris rapidement la méthode. Washington Baez m'a donné un cours en plein air de *paso doble*. Comme deux insolites arpenteurs à la démarche calculée, nous traversons l'*estancia* tout en bavardant. Sa destinée ne se mesure point en pas double mais en années d'exil. Il commença par le début et me parla de son père.

Luis Baez Barra fut un des fondateurs de la ville de Cochrane. Venu de Los Angeles, dans la région du Bio-Bio, pour développer la Patagonie australe, il mena l'existence des pionniers du sud lointain. En 1937, il acheta le domaine à l'état qui le louait depuis des décennies à une compagnie anglo-écossaise. Il a vécu une quarantaine d'années à Cochrane. Autodidacte et entreprenant, il fut nommé premier représentant de Cochrane (*subdelegado*), et à ce titre apparut très vite comme le notable de ce gros bourg de pionniers entouré de vastes paysages et de terres immenses. Sa statue sur la place centrale le présente comme un « illustre serviteur ». Washington, son fils, avait grandi au milieu des champs, des bois et des collines, à l'ombre de cette personnalité exceptionnelle, de ce « totem patagon vivant ». Tout naturellement, il s'orienta vers des études d'agriculture. Diplômé en génétique appliquée aux techniques d'agronomie et d'élevage, il occupa un poste de haut fonctionnaire responsable de plusieurs organismes agricoles au sein du gouvernement Allende. Puis éclata le coup d'Etat dirigé par Pinochet en septembre 1973. Quatre jours après, la police politique était à sa recherche. Washington voulait faire de Cochrane une zone libre capable de résister à la dictature. Il organisa la résistance dès la mort d'Allende. Le 13 septembre 1973, les sbires de la FACH étaient déjà sur sa trace. Grâce à l'épouse d'un policier local, Washington avait été prévenu de l'arrivée imminente d'un commando militaire. Dans la nuit du 14 septembre, il planifia sa fuite, prépara son cheval, rassembla quelques affaires et étudia les cartes détaillées de la région de Cochrane. Ses bottes de cavalier étaient prêtes et son fusil aussi. Le 15 septembre au matin, l'avion de la FACH décolla de Santiago et vola vers la Patagonie. A midi, Washington sortit de chez lui à cheval et rendit visite, comme d'habitude, à ses collègues de travail. Il leur annonça qu'il partait en déplacement professionnel. Il quitta Cochrane définitivement et au galop, en s'enfonçant dans les ténèbres de la forêt australe, en direction de la frontière argentine. A 15 heures, soit trois heures après le départ de Washington, l'avion de la FACH se posa sur la petite piste de Cochrane. Un commando d'hommes aux visages barbouillés en débarqua promptement, le doigt serré sur la détente de leurs armes automatiques. Des brutes aux ordres du nouveau tyran, prêtes à tout pour capturer Washington le rebelle. Ils fouillèrent la ville et demandèrent à la police locale de les aider dans leurs recherches. Aucun volontaire ne les aida dans leur chasse à l'homme. Une femme tenta de les dissuader de courir après un tel lièvre, décrivant Washington Baez comme un dangereux Rambo armé jusqu'aux dents, décidé à sauver sa peau. Le commando de Pinochet resta perplexe, puis, après avoir longtemps tergiversé, les brutes reprirent leur avion pour Santiago.

— Ce furent alors trois jours de cavale à travers la forêt chilienne et la pampa argentine. Après ma fuite de Cochrane, mon objectif était de rejoindre au plus vite l'Argentine, puis d'y organiser la résistance à Pinochet. Mais, pour plusieurs raisons difficiles à expliquer, ce ne fut pas possible de coordonner les opérations avec les militants de la gauche argentine car ils n'avaient pas une position claire à ce moment-là. J'ai donc vécu dans les bois, caché au milieu des arbres, dormant dans des recoins rocheux à l'abri des regards. Je suis sorti de cette obscurité en arrivant dans la pampa et j'ai trotté jusqu'à la ville argentine de Pepito Moreno. Je connaissais un ami, Alfredo Gomez, qui vivait dans un grand domaine agricole. Hélas, il était mort deux ans auparavant.

Les officiels argentins l'accueillirent comme on accueille un réfugié pourchassé dans son pays. Certains partageaient ses idées politiques et cachaient chez eux un portrait du Che. Washington devint ami avec un certain Beaz dont le nom, curieusement, était l'anagramme de Baez. Fallait-il y voir un signe? Il travailla quelque temps dans cette ferme, puis alla plus à l'est jusqu'au port de Comodoro Rivadavia, sur la côte atlantique de la Patagonie argentine.

— Je n'avais aucune nouvelle de ma femme et de mes enfants qui étaient restés à Cochrane. La situation me semblait très chaotique.

A Cochrane, madame Baez avait été arrêtée dès le 15 septembre par les sbires de Pinochet et enfermée dans le camp de concentration de Las Bandurias, près de Coyhaique. Les enfants avaient alors deux ans et demi, quatre et six ans. Ils furent confiés à une dame de Cochrane. Les mois passèrent et Washington rongea son frein, sans jamais désespérer de revoir les siens. Il quitta Comodoro Rivadavia pour Buenos Aires où l'ACMUL, un organisme chargé des réfugiés chiliens, le prit en charge. Il se retrouva dans une maison de la rue Cordoba, près du quartier chaud de la capitale. Là s'entassaient dans des conditions précaires des dizaines de personnes que les militaires argentins surveillaient et contrôlaient. En février 1974, sa femme et ses enfants furent chassés du Chili et arrivèrent à Buenos Aires à bord d'un avion militaire. Ils se retrouvèrent au refuge de la calle Cordoba où Washington attendait. Pour sa femme, Washington Baez était déjà mort, c'était du moins ce que les hommes de Pinochet lui avaient répété pour lui casser le moral.

— Ma femme se présenta à la réception du centre de réfugiés de la rue Cordoba. Comme par un réflexe de sécurité, j'avais préféré me cacher sous un faux nom en Argentine. J'étais connu comme Martial Rivera. Par crainte des militaires, j'envoyai une personne au-devant de ma femme qui patientait dans le hall d'entrée, en bas de l'immeuble. Quand je vis que c'était elle, ce fut un big bang de joie.

Après les retrouvailles et deux mois passés dans cette rue Cordoba, Washington et les siens acceptèrent une proposition de l'église luthérienne de s'installer à Goulean, à une cinquantaine de kilomètres au sud de la capitale. Ils y passèrent environ cinq mois, puis, ayant reçu un visa d'accueil du gouvernement de la Roumanie, ils s'embarquèrent pour Bucarest. La Roumanie de Ceaucescu était une autre tyrannie, stalinienne celle-là, et pourtant Washington y fut bien accueilli. Il parvint même à se faire une assez bonne place, grâce à ses connaissances et à son expérience en agriculture. Il fut frappé par la gentillesse latine des Roumains et le fait que les femmes travaillaient beaucoup. Il apprit la langue roumaine, étudia la peinture et la sculpture à l'école des Beaux-Arts de Bucarest, et gagna un peu d'argent en réalisant des grands portraits de Nicolas Ceaucescu, le tyran roumain. Ironie de l'histoire! Pourchassé par un dictateur chilien, Washington peignait le dictateur roumain, mais il était en sécurité chez le second. Pourtant Pinochet et Ceaucescu, aussi opposés soient-ils dans leur idéologie, ne représentaient-ils pas les deux visages d'un même Janus monstrueux et hideux: le monstre à deux têtes de la Tyrannie?

— On me proposa la direction du parc naturel de Cornetu, près de Bucarest. J'acceptai et je découvris que l'administration des forêts y était mieux organisée qu'au Chili d'où je venais. Je suis resté quelques longs mois en Roumanie, puis je suis parti en Suède. Je suis sorti en train, en passant par la Moldavie, puis j'ai gagné Berlin-Est, Leipzig, et je suis enfin arrivé à la frontière nord de ce qui était alors l'Allemagne de l'Est. J'avais emporté avec moi un buste en bronze qui représentait Salvador Allende. Les douaniers me questionnèrent. Je leur répondis que je me rendais à une exposition à Stockholm mais que je n'avais pas de visa. Ils m'accordèrent un visa de trois mois qui me permit de rentrer dans ce pays. Et aussitôt en Suède, je fis une demande d'asile politique. J'étais seul à nouveau, séparé de ma femme et de mes enfants qui étaient restés à Bucarest. Finalement, après cinq longs mois, ils arrivèrent à Stockholm.

En Suède, les réfugiés chiliens étaient pris en charge par une église protestante qui les traitait le plus humainement possible. Quand Washington fut rejoint par sa femme et ses enfants, ils s'installèrent dans une maison d'un quartier neuf nommé Hjulsta.

— Au départ, je ne parlais pas un mot de suédois. Après avoir suivi un cours intensif de deux cent cinquante heures, j'avais acquis l'indispensable, sinon l'essentiel. Au terme de cette période, je pouvais me débrouiller en suédois. Pendant trois ans, j'ai travaillé comme charpentier, et ma femme comme employée dans un hôpital. Nous avons fait notre trou, nous nous sommes adaptés à ce nouveau pays, à notre nouvelle vie. Et finalement, nous y avons vécu pendant dix-neuf ans !

Washington est revenu au Chili en novembre 1990, à la fin de la dictature, soit au lendemain de la victoire aux élections du « non » et du triomphe démocratique du candidat Aylwyn. Après vingt et un an d'exil, le *caballero errante* retrouva Cochrane et l'*estancia* de son père, qui était restée à l'abandon. Des squatters plus stupides que méchants avaient occupé les lieux. Le réfugié de Stockholm redécouvrit son monde oublié, cet univers qu'il avait été forcé de fuir pour sauver sa vie. Il retrouva alors son vieux lit couvert de poussière, son matelas, ses livres d'étudiant, et un paquet de vêtements et d'habits.

Quel être bienveillant avait ainsi pensé à son retour ? Son père, Don Luis, avait pris soin de remettre les affaires de son fils à leur place exacte, là où celles-ci avaient toujours été depuis son enfance. Puis le père s'était évanoui dans la nature avant le retour de cet Ulysse de l'exil.

— Tout était poussiéreux et à l'abandon, vous imaginez vingt et un ans d'absence, mais tout était resté en place. Les collines, les rivières, les arbres, les champs et les prés. Rien n'avait bougé.

A présent, Washington observe le ciel, scrutant l'horizon, qui est resté le même. Washington connaît les dangers et les menaces du ciel patagon.

— Quand le ciel tourne au rouge, c'est signe de beau temps, mais s'il vire au jaune, cela annonce le coup de vent. Si des nuages, en forme de soucoupes volantes, avancent dans le ciel, c'est la pluie. De même que le vent dit *puelche* apporte les nuages et les averses.

Washington n'a pas une mauvaise opinion de la Carretera Austral, route sauvage dont je vais bientôt apercevoir le terme après mille cent kilomètres de cailloux et de poussière.

— La route australe? A mon avis, les militaires qui l'ont construite sont dignes d'admiration, même s'ils le firent sous la dictature de Pinochet. Ils ont fait une œuvre utile, malgré tout, pour le bien public. Les citoyens chiliens paient des impôts et cet argent a quand même été utilisé pour un chantier qui profite maintenant à toute la Patagonie chilienne.

Il me raccompagne jusqu'au portail de l'estancia Fundo Santa Maria et me serre la main en m'indiquant la direction de la ville. Je lui demande avant de partir une précision sur le *paso doble,* cet art de marcher en comptant ses pas. Il éclate de rire.

Il me fait alors penser à ces prophètes de l'Ancien Testament chassés du paradis terrestre et qui le retrouvent au terme d'une longue et interminable mise à l'épreuve. Il y a de la passion chez cet homme revenu d'exil intact, malgré les vicissitudes du temps. Washington Baez, comme Jaime, comme tous les hommes libres de la vallée de Cochrane, a affronté l'épreuve du feu. L'incinérateur de l'Histoire, au lieu de le broyer, l'a juste malmené. Il est sauvé, peut-être sanctifié. Pour les alchimistes médiévaux, le feu était le symbole de la purification et de la transmutation de la matière en substance spirituelle. Pourquoi n'aurait-il pas le même pouvoir dans le Chili d'aujourd'hui ? Washington Baez a retrouvé sa terre et son ciel. L'axe du monde de la liberté peut à nouveau tourner comme avant, au cœur de la Patagonie. Cependant en quittant ce *caballero,* je comprends qu'il a trouvé en lui sa propre médecine intérieure, son remède à la mélancolie dévoreuse d'espoir. Affaire de connaissance de soi. Il est l'archétype humain d'un Chili intemporel et moderne, passionnant à observer. Comme son compatriote Francisco Coloane, il a retrouvé sa place de gardien du seuil, chargé de garder la voie d'accès à une terre aussi imaginaire que réelle, la Patagonie, cette région du monde où l'humanité égarée peut oublier ses erreurs passées, se redresser pour édifier une nouvelle terre moins cruelle. Cet autre Phœnix a été immolé, mais il a pu renaître de ses cendres. Je marche sur le chemin caillouteux en comptant mes pas, et il me lance :

— La connaissance est faite pour être diffusée. Ceux qui ont le savoir doivent le diffuser. C'est là le principe du développement et du progrès. Le progrès, ce n'est rien d'autre que cela. Rien d'autre !

En lui faisant un signe d'adieu, je pense: l'homme ressemble au saumon, il revient toujours à son lieu de naissance après avoir longtemps erré dans les vastes océans, au péril de sa vie. Et comme lui, il peut aussi parfois finir grillé.

Jaime et Camilo ont tout arrangé en mon absence. Une Jeep est prête pour le 30 janvier. Le conducteur a été assuré de sa mission, et la carte étudiée dans le moindre détail. Par un de ces clins d'œil de l'histoire, le chauffeur du véhicule tout-terrain s'appelle aussi Washington. Washington Neira, 27 ans, marié, père d'un jeune enfant, et forestier. Le bois, les arbres, les charpentes, les planches, rien de ce qui provient de la forêt australe ne lui est étranger. Il a construit sa maison de ses propres mains. Pourquoi porte-il ce prénom du premier président des Etats-Unis d'Amérique? C'est sa mère, me dit-il, qui en a décidé ainsi. Celle-ci admirait le docteur Luis Baez, bienfaiteur de Cochrane. Aussi était-il logique qu'elle donnât à son fils le même prénom que le fils du docteur: Washington. L'administration et les services secrets américains n'avaient certes pas les mains très propres dans cette affaire Pinochet. La mythologie américaine des pères fondateurs semble pourtant être restée intacte dans certains esprits. Le symbole d'un pays de liberté et d'indépendance n'a été dans ce cas qu'un peu terni, si peu. Pour Washington, comme pour Camilo, le voyage de Cochrane à Villa O'Higgins constitue une première. Mes deux compagnons ont entendu parler de cette bourgade de pionniers mais ne s'y sont jamais rendus. Trop loin, trop difficile, trop cher!

— Avec deux mille pesos à Cochrane, tu manges pendant deux semaines. Avec la même somme, tu paies l'essence pour aller à Villa O'Higgins. C'est pourquoi peu de gens de Cochrane vont jusque là-bas.

Washington le forestier m'offre une coupe de *maté,* comme Washington l'exilé. Il est un peu sucré, mais boire ce maté-là c'est capturer la vieille culture indienne, adopter son lointain passé oublié, communiquer avec l'esprit des lieux. La Jeep n'a pas le charme d'un cheval du temps de Montaigne, mais je ne suis pas venu pour l'exotisme d'une chevauchée équestre. Il faut que je vive avec mon temps, et la Jeep reste le moyen le plus pratique de poursuivre jusqu'au bout la Carretera Austral. Je suis bel et bien collé au réel comme une main à un gant. Au moment de boucler mon sac, je pense à ce qu'a écrit V. S. Naipaul, le prix Nobel de littérature : « Je vais en des endroits qui, bien qu'étrangers, sont d'une certaine façon liés à ce que je connais déjà… L'aventure intellectuelle est en même temps une aventure humaine. Je ne peux me déplacer que selon mes sympathies… Je ne force rien, je n'ai pas à rencontrer de porte-parole officiel, il n'y a personne que je doive absolument interviewer. Ce sont les gens que j'en viens à aimer qui me permettent de comprendre. »

Washington le forestier est arrivé à onze heures du matin au volant de sa Jeep. Après une petite pause de quelques jours, je retrouve enfin la route australe. J'ai rencontré des Chiliens, je les ai aimés, alors ils m'ont donné la connaissance de leur pays et sa compréhension. Compréhension dans les deux sens du terme.

CHAPITRE VII

AUX AVANT-POSTES DU PROGRÈS

Pour elle [la Nature], l'âge d'un peuple représente une heure,
une guerre à peine une seconde.
Stefan Zweig, *Voyages*

Sur la carte routière de la Patagonie, la bourgade de Villa O'Higgins est représentée par un petit point posé sur les rives d'un lac, au bout d'un trait mince comme un fil, un interminable pointillé figurant la Carretera Austral. C'est net. Le chemin ne va pas plus loin. A l'est, les terres chiliennes bordent la frontière de l'Argentine. Au sud, le lac Villa O'Higgins se termine au pied d'une masse glaciaire immense et blanche, avec des reflets bleus : le Campo de Hielo Sur. Ce ne sont pas quelques glaçons que l'on met dans un verre à l'heure de l'apéritif, mais bel et bien un territoire congelé, aussi grand que trois départements français. Une autre planète, froide et inhospitalière, longue d'environ trois cents kilomètres du nord au sud. Je contemple cette barrière infranchissable, du moins en apparence, serrée entre la cordillère des Andes et l'océan Pacifique, découpée en une multitude de fjords et d'îlots. Nous nous dirigeons vers ce cul-de-sac. De Cochrane à Puerto Yungay, je retrouve les mêmes paysages de montagnes couvertes de forêts sombres, les mêmes rochers gris, les mêmes cailloux saillants sur la chaussée. Tout recommence de plus belle, après cette incursion dans l'antichambre de la pampa. A nouveau, le corridor long et étroit de la route trace une voie unique dans sa splendide monotonie. Et pourtant je ne ressens jamais l'ennui. Il suffit de regarder le ciel et ses mouvements incessants ou d'observer ses changements de couleurs. A présent, les nuages virent au blanc « antarctique ». Le thermomètre a baissé. Cette région de la Patagonie chilienne, située entre le 47e et le 49e parallèle de notre planète, connaît les vents les plus redoutables du monde : les quarantièmes rugissants, bien connus des marins du Pacifique. Ces vents tournent à longueur d'année, comme des derviches hystériques, autour de l'hémisphère sud, sans jamais s'arrêter. On m'a dit que certains jours, des habitants de Punta Arenas ont vu des chats voler ! Là encore, il ne s'agit pas de catastrophes naturelles qui s'abattent sporadiquement sur la terre, comme des cyclones ou des ouragans, non, c'est l'ordinaire, le menu quotidien du Patagon.

A Puerto Yungay, nous sommes surpris par le crépuscule. Il est trop tard pour traverser le fjord, le bateau ne nous a pas attendus. Camilo part à la recherche d'un endroit sec pour dormir. Puerto Yungay n'est même pas un village, mais un simple lieu-dit, un embryon de hameau, esquisse de bourgade future. La piste passe sous une grande arche en bois qui porte une inscription : « Les obstacles sont faits pour être vaincus ! » Comme dans un catéchisme martial et viril, il faut y voir une manière d'encourager les pionniers de la région dans leurs efforts et de les aider à surmonter les épreuves du climat et de l'isolement. La piste s'achève par un quai où je remarque une stèle : « Puerto Yungay - Route inaugurée en 1991 - Carretera

Austral Longitudinal initiée par le général Pinochet - Km : 1180. »

La pension la plus proche se trouve à une heure de piste, à Tortel. Nous tentons de nous installer sous un hangar désaffecté, mais il est trop sale et humide et, de plus, il pue le détritus. Voyant cela, Camilo et Washington vont frapper à la porte d'une bicoque en bois appartenant à l'armée chilienne, adossée à un petit monument érigé en hommage « aux Martyrs de la Route Australe ». Le ciel s'assombrit, la nuit arrive, le froid est de plus en plus vif. Et bien sûr, il pleut, il vente. Cette obscure baraque devient alors notre ultime salut. Trépasser de froid à Yungay n'est pas un exploit conseillé dans les livres. Même la chapelle en planches est fermée depuis la mort du prêtre, le père Ronchi. Les esprits de la forêt australe doivent cependant être avec nous ce soir-là. La porte s'ouvre et une silhouette humaine apparaît dans le noir.

C'est un homme encore jeune, une trentaine d'années peut-être, que l'on devine costaud et bien bâti sous ses vêtements couleur vert olive. Camilo lui explique le pourquoi et le comment de notre passage à Yungay. Après un temps nécessaire de palabres, la porte s'ouvre un peu plus et je vois son visage de plus près. Il a les cheveux courts des soldats, les joues rouge vif comme des habitants des contrées polaires dont la morphologie se transforme sous l'effet du climat. Nous entrons enfin dans la baraque où il fait chaud tant que l'on se tient près du poêle à bois. Gare à celui qui s'en éloigne ! Il est alors saisi par le froid ambiant. Deux soldats vivent dans cette baraque rudimentaire, au bord d'une route misérable dans la beauté froide d'un lieu-dit perdu dans l'immensité du grand Sud patagonien. Deux soldats, robustes et solitaires, chargés de garder le poste avancé du Progrès, à savoir une piste de cailloux et un quai d'embarquement, sous la cohorte menaçante des nuages prête à fondre à tout instant sur la terre. Aucune arme, aucun canon n'a encore réussi à détourner les nuages de leur but. Il y a eu sous d'autres cieux des essais scientifiques, mais ce furent des échecs. A Puerto Yungay, le ciel affirme sa nature combative, son harcèlement pluvieux dure depuis des siècles. Il faut s'en accommoder ou fuir. Confronté à cette austérité supérieure, on dirait deux moines, deux cénobites en repentance dans un ermitage du désert vert. Par leur fonction, ils ont peu de temps à consacrer à l'oraison, mais beaucoup d'énergie pour obéir au destin. Ils sont les agents actifs de l'ordre militaire de la planète, chargés de l'avancée de la route australe.

Deux pionniers de l'extrême sud du Chili, qui vont comme autrefois avec leurs épées aux champs. Et il ne faudrait pas confier cet avant-poste à de simples bûcherons. C'est bel et bien une affaire martiale, sérieuse, stratégique, où les poètes semblent êtres des personnes déplacées. Rimbaud ici ? Une révolte de plus. Baudelaire ? Il aurait déserté. Mais Pablo Neruda, qui était né sous la pluie australe, serait resté là, inspiré qu'il aurait été par l'immensité australe. A l'intérieur de leur bicoque, je ressens la même sécurité que dans un refuge de montagne quand la tempête de neige se lève. Même le prêtre n'a pas résisté à la cruauté du climat. Non, il faut bien avoir de l'esprit soldatesque ou monastique en soi pour tenir coûte que coûte ce poste. Nos hôtes préparent maintenant le repas et nous invitent à partager leur table. Ils ont les gestes précis et économes des sentinelles dans leur donjon. L'un s'appelle Francisco, et l'autre Espinoza.

Francisco Javier Ruminot est instructeur dans l'armée chilienne. Originaire de Los Angeles, il descend à la quatrième génération d'immigrés français installés au Chili au XIXe siècle. Il a grandi dans une famille de douze enfants et s'est engagé dans l'armée vers 1995. On lui a proposé le poste de Puerto Yungay qu'il a accepté, conscient des avantages financiers que cette « impatriation » suppose. Il est un « impatrié », un expatrié de l'intérieur, qui ne sort pas des frontières du Chili, à la façon d'un fonctionnaire de Saint-Pétersbourg nommé dans la presqu'île du Kamchatka, aux confins de l'empire russe. Sa période à Yungay dure quatre mois. L'endroit est superbe, dit-il, mais le climat très particulier. Son collègue Espinoza effectue son service militaire et il doit, à ce titre, passer douze mois au cœur des ténèbres australes. Comme chez certains mystiques, ou anachorètes, ces deux soldats servent un idéal matériel et cet élan intérieur, cette foi spartiate, leur permettent d'affronter les pires obstacles.

Ce ne sont pas les seuls soldats dans la région. D'autres membres de l'armée chilienne travaillent à la construction de la route et de ses voies transversales, entre Vagabundo et Tortel. Vagabundo ! Ce nom de lieu sur la carte australe constitue un appel à l'errance et à la désertion. Ces noms m'enchantent. Caleta Tortel ! Peter Hartmann, que j'ai rencontré à Coyhaique, m'a parlé de ce village au bord d'un fjord comme de la quintessence du paysage patagonien sur la côte pacifique. A défaut de route terrestre, un bateau, appelé ici *la lancha,* se rend deux fois par mois à Tortel. A Puerto Yungay, l'instructeur Ruminot du *Cuerpo Militar de Trabajo* n'a pas l'âme à ruminer sur son sort. Il n'appartient pas non plus à la catégorie de ceux qui tabassent des prisonniers, mais à quelque chose de constructif au sein de l'ordre militaire. Sa vie de garde aux avant-postes du progrès évoque ces personnages que l'on rencontre dans les romans de Joseph Conrad : ces marchands solitaires habitant des comptoirs équatoriaux à l'époque coloniale, qu'un bateau ravitaille deux fois l'an, après avoir remonté des rivières zigzagantes et boueuses, écrasées par la chaleur torride et avalées par la jungle. A Puerto Yungay, le ravitaillement arrive une fois par semaine, à l'exception du pain que les deux comparses cuisent eux-mêmes dans un petit four. La cuisine est préparée sur un fourneau à bois. Un cochon noir s'occupe de retraiter les détritus de la maisonnée. Une fois la journée terminée, vient le temps de la détente et des réjouissances : une télévision au premier étage et quelques bouteilles de *pisco* dans un placard. Pour communiquer avec leurs supérieurs hiérarchiques, Ruminot et Espinoza utilisent la radio. Pour s'éclairer, une turbine hydroélectrique pourvoie à leurs maigres besoins.

La soirée se passe à bavarder autour du poêle à bois. Les deux compères proposent aimablement de nous héberger, au nom du devoir d'assistance aux voyageurs, mais aussi par curiosité. Ils n'ont jamais encore vu un Français à Yungay, et un journaliste de surcroît prenant des notes et s'intéressant à leur vie solitaire. Des voyageurs passent bien de temps en temps, qui frappent à la porte de leur bicoque pour demander de l'eau ou d'autres boissons. Un jour, des Allemands ont demandé de la bière, mais il n'y en avait pas, le ravitaillement n'étant pas arrivé à temps.

Cette nuit-là, Camilo, Washington et moi avons dormi tout habillés, emmitouflés, enroulés dans d'épaisses couvertures, sur des lits superposés, des lits métalliques de bidasse dans une chambrée du bout du monde où les seuls ennemis redoutables sont le vent et la pluie. La nuit australe a englouti tout à fait la forêt, magnifique et lugubre.

Pierreuse, humide et grise, la Carretera Austral fait tressauter la Jeep. Quelques espaces déboisés en bordure de forêt laissent encore un peu de place à de petits marais de couleur boue où stagnent herbes et plantes. Camilo lève soudain la tête vers le ciel.

— Des condors !

Deux condors volent en décrivant une spirale ascendante, très haut au-dessus de la cime des arbres, leurs longues ailes déployées dans les nuées vaporeuses sortant de la cime des montagnes. Des condors qui m'imprègnent tout à fait de la cordillère. Qui n'a pas vu un condor n'a pas vu l'Amérique.

Après ce trajet cahoteux, des maisons en rondins, peintes telles en rose, telles en bleu, sortent des bois obscurs. La Jeep de Washington traverse le village. Villa O'Higgins ! La civilisation est déjà là, un microcosme de ville. Elle est arrivée jusqu'ici, péniblement. Pour ne pas reculer, pour ne pas perdre leur bataille, les pionniers ont pris racine. Les institutions obligatoires, la mairie, l'état civil, la police, l'armée, l'église, sans oublier l'épicier, le docteur, le boulanger, et le préposé aux relevés météorologiques : ils sont tous là, dans ce modèle réduit d'humanité en marche vers le grand Sud. Nous arrivons avec un sentiment de soulagement à Villa O'Higgins qui, comme d'autres villages traversés, figure une miniature simple et rassurante de bourgade. L'esprit des pionniers a établi le symbole de l'avancée vers le sud. Exaltés par la conquête de la nature australe, ils ont vaincu combien de difficultés, surmonté combien d'obstacles pour en arriver là. C'est un lieu qui se mérite.

Pour avancer et ne pas renoncer, il faut une énergie d'athlète au physique, une énergie de l'espoir au mental. L'abnégation ne se lit pourtant nulle part. Tout semble calme, normal, paisible. Un village à peine sorti de l'emballage du progrès qu'il semble y être incrusté. Plusieurs maisons en cours de construction, signe d'une certaine expansion démographique de la petite communauté. Au nord du Chili, on plaint ces gens : « Ils sont si isolés. »

Villa O'Higgins marque donc le point final de la Carretera Austral. Ici, les bûcherons, les forestiers et les cantonniers sont plus souvent demandés que les avocats, les consultants en marketing, les journalistes ou les psys. Un charpentier, un cultivateur, un cavalier, un boulanger, ont de l'avenir dans ces régions où tout reste à faire. Je pense curieusement : on ne naît pas pionnier, on le devient. A Villa O'Higgins, il y a une « Ecole des Pionniers du Sud ». Le terme pionnier doit être pris dans son sens premier : « militaire du génie spécialiste des travaux de terrassement. » Le deuxième sens donné par le dictionnaire convient aussi à la situation : « colon qui cultive et défriche des contrées inhabitées. » Le troisième sens est le plus intellectuel : « personne qui ouvre une voie nouvelle. » Rares sont les visionnaires par ici, et pourtant de leurs visions la Patagonie a grand besoin pour son futur !

Bernardo O'Higgins, un destin de libertador

A l'époque de la conquête de l'Europe par les Romains, les légionnaires de Jules César nommaient leurs postes avancés fraîchement arrachés à l'ennemi par ce terme de *villa*. Les Romains avaient inventé une méthode toujours en vigueur après deux millénaires d'histoire. L'établissement d'une *villa* était la preuve tangible, géographique, que la bataille était terminée, le barbare civilisé, le vaincu soumis. Les soldats pouvaient camper sur leurs terres. La Patagonie australe n'était-elle pas à interpréter comme une allégorie du triomphe en cours de l'homme sur la nature ? Y avait-il du nouveau sur la planète depuis deux mille ans ? En m'interrogeant sur le nom du village, j'ai découvert l'histoire d'une figure tutélaire de l'histoire chilienne. Le nom de O'Higgins réveille des images et des consonances irlandaises. Ce n'est pas un hasard si le Chili désigne ses postes avancés en empruntant les noms de ses grands hommes. Les empereurs romains connaissaient déjà la force des mots dans les batailles. Comme chez Dumas père et Dumas fils, les O'Higgins sont toujours deux, côte à côte dans le dictionnaire de l'Amérique du Sud. Tout a commencé par le père, Ambrosio O'Higgins. Son fils Bernardo acheva l'œuvre paternelle en s'y opposant et en la mettant à terre. C'est une histoire comme le XIXe siècle de Jules Verne et de Victor Hugo a pu en engendrer.

Ambrosio O'Higgins était né à Ballenary, sur l'île d'Irlande. Ses parents, Carlos et Margarita, des prénoms espagnols accolés à un nom gaélique, n'étaient-ils pas les rescapés d'une généalogie errante, elle aussi pleine de mystères, qui remontait aux naufragés de l'Invincible Armada au XVIe siècle, au large des côtes d'Irlande ? Ambrosio fit du commerce à Cadix, le port andalou d'où partaient tant de flottes de galions à destination de l'Amérique espagnole. Il traversa l'océan Atlantique en 1756 et vint se fixer à Buenos Aires, puis à Santiago du Chili. Après quelques années, le voilà de nouveau à Cadix. De là, il repartit pour le Chili, encore colonie de la couronne, comme ingénieur dessinateur, mais cette fois mandaté par le roi d'Espagne. Il construisit les fortifications de Valdivia en 1761. Les règles et les compas ne l'exaltaient pas. Il préférait les fusils et les canons, affaire de goût et de vocation. Ambrosio s'engagea donc dans l'armée espagnole pour de bon cette fois et il y fit une carrière brillante, gravissant les échelons un à un, à force de mérite et de ténacité. En 1782, Ambrosio, l'émigrant irlandais, devint brigadier général, puis intendant de la ville de Concepcion, et enfin gouverneur du Chili, un poste qu'il occupa de 1788 à 1796. Il n'était pas encore au sommet. Son ascension sociale et professionnelle ne s'arrêta pas là. Le roi d'Espagne lui donna le titre de baron de Ballenary, hommage à ses origines, et de marquis d'Osorno, hommage au Chili. Consécration suprême, le roi finit par le nommer vice-roi du Pérou, une fonction mirifique. Pendant quatre années, de 1796 à 1800, Ambrosio goûta au plat de la fortune et but la coupe de la gloire.

Dans son palais de Lima, pour l'anniversaire de ses quatre-vingts ans, le pauvre migrant de Ballenary n'avait-il pas un miroir qui lui renvoya son image et devant lequel il se dit à lui même : « Je suis le vice-roi du Pérou ! » En 1801, il décéda, comme un athlète qui meurt après avoir battu un record. Le monde entrait alors dans un autre siècle chargé d'incertitudes. Les colonies espagnoles de l'Amérique du Sud cherchaient à se détacher de la couronne d'Espagne. Le vieil empire de Charles Quint se lézardait. Des processus d'indépendance germaient dans le secret des grandes villes, de Lima à Santiago, de Buenos Aires à Quito. Le vieux vice-roi du Pérou avait eu une aventure galante avec une jeune Chilienne du nom d'Isabel Riquelme. A cinquante-huit ans, le baron de

Ballenary, vice-roi du Pérou, devint papa d'un enfant illégitime qu'il nomma Bernardo. Né en 1778, ce Bernardo fut élevé en cachette au palais du vice-roi jusqu'à l'âge de trois ans. Le père essaya de le cacher aussi longtemps qu'il put, sans jamais lui révéler sa véritable origine, ni son vrai nom. « L'innommé » ou « l'innominé » fut ainsi confié à l'âge de quatre ans à un chevalier portugais, Juan Albano Pereira, qui vivait à Talca, petite ville sur le rio Maule, au sud de Santiago. Le jeune O'Higgins y vécut jusqu'à l'âge de onze ans, délaissé par son père, un cas classique, trop occupé par sa carrière et ses honneurs. Bernardo fut envoyé en Grande-Bretagne pour poursuivre ses études. A Londres, il fit la connaissance de Francisco de Miranda, un patriote vénézuélien qui croyait à l'indépendance de son pays. Bernardo rejoignit la franc-maçonnerie et participa à la Loge Gran Reunion Americana qui soutenait les mouvements d'indépendance des colonies hispaniques.

A la mort de son père, Bernardo O'Higgins revint au Chili où il dirigea des groupes patriotiques armés. En 1811, il était déjà célèbre. Elu député au Congrès, il se démena sans compter en faveur de l'indépendance du Chili. N'était-ce pas pour cet enfant illégitime longtemps sans nom, une façon de chasser les fantômes du passé et de prendre sa revanche de mal aimé sur son père. Ce père vice-roi avait symbolisé la pérennité d'un empire et le maintien d'un continent sous la tutelle de l'Espagne. Rebelle, le fils se lança dans l'entreprise inverse : accélérer l'indépendance. Il se battit contre l'image de son père, contre ce qu'elle représentait, une autorité suprême exercée sur un peuple, mais sans aucune prise sur l'enfant oublié qu'il avait été. Bernardo avait trente-cinq ans en 1835.

Il affronta les troupes royales à Linares et en sortit victorieux. Il devint commandant en chef des armées patriotiques. Comme son père, il monta vite les échelons, mais, à la différence de celui-ci, il combattait dans le camp ennemi, contre l'ordre établi qui avait permis à l'émigrant irlandais de devenir un vice-roi. Le 1er octobre 1814, les indépendantistes et les loyalistes s'affrontèrent à Rancagua. Cette bataille se solda par un désastre dans les rangs de O'Higgins, qui fut contraint de s'exiler à Mendoza en Argentine. Qu'à cela ne tienne. Il organisa la mobilisation de l'armée des Andes, sous les ordres du général Jose de San Martin et revint se battre sur sa terre natale.

Après la bataille de Chacabuco en 1817, San Martin le nomma *Director Supremo de Chile,* chargé de songer à l'avenir du futur pays libéré et de préparer activement la nouvelle patrie qui sortirait des combats. Défait d'abord par les Espagnols à Cancha Rayada en mars 1818, Bernardo O'Higgins remporta enfin une victoire décisive à Maipu le 5 avril 1818. Elle consacra l'indépendance du Chili que O'Higgins avait déjà proclamée le 12 février. Il était entré ce jour-là au panthéon des *libertadores,* des libérateurs. Le Chili indépendant, il en devint naturellement le chef de l'Etat. De libérateur, il se mua hélas en dictateur, un glissement progressif et pervers de l'art de gouverner bien connu des politologues contemporains. A l'aise dans le combat, il se perdit dans l'autoritarisme et dans les intrigues. Il fut renversé par le général Freire, qui fomenta le premier coup d'Etat de la jeune nation. O'Higgins fils s'exila à Lima, laissant la nouvelle nation qu'il avait tant attendue grandir loin de lui. Comme dans une étrange répétition de l'histoire, il abandonna le pays qu'il avait enfanté, de la même manière que son père l'avait abandonné à l'âge de quatre ans.

Et c'est ainsi que le point le plus avancé de la Carretera Austral porte le nom du *libertador* O'Higgins. Cette interminable piste empierrée et grossière s'avance dans l'inconnu comme naguère les voies romaines pénétraient en territoire conquis. Elle est pourtant bien plus que cela. La Carretera Austral accomplit un devoir historique, une mission géographique, un travail lent et visible, qui dévore de l'espace, sacrifie des vies, pour le bien public d'un pays vieux de deux cents ans à peine.

La route des glaces

Nous allons voir de près ce terminus de la route australe. Du village, il faut suivre une coupe éclairée dans la forêt pendant cinq kilomètres environ, et là, soudain, la route se jette dans les eaux du lac O'Higgins, entouré de montagnes couvertes de neiges et de glaces éternelles. Là-bas, de l'autre côté de cette barrière imposante, commence la vaste Argentine dont la ligne de crête se distingue par des sommets qui portent des noms de quelques grands hommes de France : mont Saint-Exupéry, mont Mermoz, mont Guillaumet, les héros de l'aviation postale des années 30. Ces aventuriers et humanistes n'ont-ils pas été en leur temps eux aussi inspirés par la splendeur de la Patagonie et des Andes ?

La piste laisse place au rêve. Washington immobilise la Jeep. Deux ou trois rafiots amarrés à une petite jetée qui glisse en pente douce dans les eaux froides et sombres. Sur la carte, ce lac ressemble à un étrange astéroïde aux branches étroites et biscornues qui s'engouffrent dans plusieurs directions. Pour Augusto Grosse, un des pionniers de Puyuhuapi, qui explora en 1940 cette région inhabitée, le lac ressemble à une pieuvre. Dans un de ses nombreux récits d'expédition en Patagonie australe, Grosse a noté : « Si le sol n'était pas aussi détestable et accidenté, on pourrait se sentir transporté au Paradis. » Une des branches du lac continue à l'est vers l'Argentine où elle change de nom pour s'appeler Lago San Martin. Au sud-ouest, les eaux finissent au pied d'une muraille de blocs rocheux surmontée par une forteresse glaciaire, blanche et menaçante. Des centaines de mètres plus haut, la glace forme des paliers qui ne représentent que le rebord d'une autre immensité cachée, le seuil du Campo de Hielo Sur. Cette chaîne de glaciers n'accepte pas la présence des hommes, ayant adopté les mêmes interdits que l'Antarctique, son modèle en solitude réfrigérée. A ce niveau précis de la mappemonde, tout semble calme. On aurait pu planter un panneau et y écrire : « Attention mer de glace gigantesque. Entrée interdite aux hommes. » Tout semble immobile, figé dans un silence polaire. Sur ces hauteurs blanches et dissimulées au regard, les éléments s'affrontent dans un esprit antédiluvien. Des nuages océaniques déversent des montagnes d'eau sur des glaces impassibles. Au sommet de cet édifice glacial à l'architecture surréaliste, il peut tomber de six à huit mètres de pluie chaque année. A l'ouest, la mer de glace s'effondre et s'effiloche. Elle tombe sous forme de langues multiples dans un labyrinthe de fjords et d'îles reliés entre eux par un réseau complexe de canaux et de bras de mer. « Il faut voir sur une carte le couloir tortueux, l'inextricable fouillis d'îlots, les innombrables bras de mer pour mesurer vraiment le savoir-faire et la ténacité, le courage, et la chance, qui furent ceux du navigateur portugais (Magellan) », écrit Daniel Boorstin dans *Les Découvreurs*. Les îles portent des noms enchanteurs et lumineux : Esmeralda, Aldea, Covadonga, Angamos, Esperanza, Ramirez. Elles semblent avoir été victimes d'un mauvais sort, comme si elles avaient été jetées dans un compresseur de continent, puis passées au hachoir par un dieu hystérique épris de charcuterie territoriale. Ce dernier, toujours mécontent, aurait donné son œuvre à un diable concurrent qui aurait trituré les îles avant de les pulvériser au bon soin d'un océan guère plus bienveillant. Ces îles noires, fantomatiques et pluvieuses, ne peuvent pas être habitées.

Il y a dans cette queue dévertébrée du continent sud-américain quelque chose de pathétique, un littoral lacéré à grands coups de serpe, qui évoque les lambeaux d'une création, d'une genèse inachevée et imparfaite. Dieu était-il fatigué ? Un matin du monde ? Non. Un crépuscule, certainement, tourné vers l'ouest, vers le couchant et la Mort. Mais comme toutes les fins des terres, cette fin-là débouche dans l'océan, où tout peut recommencer, et le cycle de la Vie reprendre sa marche. Personne, aucun créateur depuis le *big bang* qui a pulvérisé cette myriade d'îles et d'îlots, n'a assuré la finition de l'ouvrage. Personne n'a recollé les morceaux, pensé à finir le travail. J'ai bien là, sous les yeux, un paysage gnostique, conforme aux noires pensées de ces premières sectes qui fleurirent au début de l'ère chrétienne. Une des idées de la gnose était notamment celle-ci : comme l'homme, le monde depuis sa création est resté dans l'erreur, imparfait et inachevé. Il s'agit de le parfaire et de l'achever. Plus au sud encore, ce même et immense massif glacé et sinistre semble souffrir d'une très ancienne maladie qui a affecté son corps en le démantibulant. Et je pense à ce que Jacques Lacarrière a écrit sur la gnose et la cosmographie morale des philosophes gnostiques : « Nous sommes un peu sur terre comme des rescapés promis à la solitude éternelle… Et pourtant, ce monde manqué conserve quelque chose de la substance du vrai monde. »

Cette géographie de premier soir du monde avait pris la forme d'une énigme de puzzle. Un démiurge maniaco-dépressif n'a-t-il pas négligé cette myriade d'îlots défragmentés depuis la création ? Ces îles sont pourtant nommées depuis le XIXe siècle, et leurs noms semblent plus réels que leur substance matérielle, rocheuse et venteuse. Des noms d'Anglais et d'Ecossais : île Wellington, île Duque de York, île Newton, île Wilson, île Londres, et île Darwin bien sûr en hommage à celui qui les a si bien observées du pont du *Beagle* après le passage du détroit de Magellan. « Un coup d'œil jeté sur une telle côte suffirait à quiconque n'est pas habitué à la mer pour qu'il rêvât pendant huit jours de naufrages, de dangers et de mort », a noté Darwin. J'ai le sentiment aussi d'être arrivé au seuil d'un Royaume des Morts. Et pourtant, dans mon esprit, ce sont encore des images bibliques de Genèse qui reviennent en force, apportant des preuves, comme c'est écrit dans la Torah, que la terre a bien été un *tohu va bohu* à son origine.

Je suis égaré à présent par cette litanie de noms d'îles et de fjords andins. Ce dédale maritime fracassé entre la mer de glace et l'océan Pacifique a néanmoins préservé une cachette : Puerto Eden. La porte du paradis ? Malgré ce nom enchanteur, Puerto Eden n'a rien d'un paradis terrestre, ni de l'enfer non plus d'ailleurs. Quelques familles y vivent de la pêche. Y vivent aussi les survivants du génocide des Indiens de Patagonie : les derniers Alakalufs, dont le nom signifie « hommes de l'ouest avec des couteaux en coquillage ». Le lieu a inspiré Francisco Coloane pour une nouvelle intitulée *Cap sur Puerto Eden*. « Puerto Eden doit probablement son nom à la fabuleuse beauté du site… les îles verdoyantes de Puerto Eden offrent le spectacle d'une splendide oasis qui semble récemment surgie des eaux et où le voyageur s'attend à rencontrer les premiers hommes… Toutefois ces îles sont froides, humides, couvertes d'une épaisse et poreuse couche de tourbe millénaire. » La Carretera Austral passera-t-elle un jour à Puerto Eden ? Ce n'est pas à envisager car ce village ne se trouve pas du tout dans la ligne ambitieuse de la route. Le rêve de poursuivre la route plus au sud jusqu'à Puerto Natales, dans la province de Magallanes, habite quelques cerveaux audacieux et entreprenants. L'ingénieur des Travaux Publics, le docteur Horvath, maintient vivant le rêve austral. Pour lui, l'œuvre reste inachevée et la route doit être poursuivie jusqu'au bout. A Villa O'Higgins, on organiserait un plébiscite en posant aux habitants la question suivante : pensez-vous qu'il soit important de poursuivre la construction de la Carretera Austral jusqu'à Puerto Natales ? La réponse serait oui à 99 % des voix.

Washington et Camilo, mes deux compagnons de route, ignorent tout de la mer de glace, mais ils mesurent la taille de cet ultime obstacle à vaincre. Ils imaginent déjà des ponts enjambant des fjords, et des tunnels sous la glace. Pour beaucoup, le découpage des frontières avait été bâclé au siècle dernier. Comment relier le long Chili à ce dernier morceau isolé ? Comment envisager un tel coût ? On m'a dit : ça coûtera aussi cher, sinon plus, que la Trans Amazonienne, en raison justement du relief et des difficultés naturelles. Des alpinistes et des glaciologues ont été voir de près ce qui se passe là-haut, au sommet des glaces. Les ingénieurs chiliens aussi. Rien ne semble vraiment impossible pour le docteur Horvath, enhardi sans doute par l'exemple des Etats-Unis sur l'Antarctique. Sur ce continent glaciaire, le plus grand, le plus froid et le plus inhospitalier du globe, les Etats-Unis construisent une route longue de mille six cents kilomètres environ, la Traverse Highway, qui reliera les deux bases militaires qu'ils possèdent sur ce désert de glace. A terme, quand ce projet pharaonique sera achevé, il faudra seulement dix jours pour leurs hommes, scientifiques et militaires, pour aller de la station Mc Murdo dans le sud jusqu'au pôle Sud. Pour beaucoup d'experts, un tel projet est en contradiction avec le traité sur l'Antarctique, signé en 1959. Peu importe, une route atteindra un jour le pôle Sud. Ce n'est pas de la fiction, mais la réalité, avec les Etats-Unis comme principal acteur.

Heureusement, la mer de glace du Campo de Hielo Sur, en Patagonie, ne veut pas se laisser faire. Si cette forteresse congelée pouvait parler, n'entendrait-on pas quelque chose comme ceci : « On ne me contournera pas, je ne me laisserai pas transpercer par une route. » Les pionniers du grand Sud sont immobilisés dans leur avancée civilisatrice, devant un obstacle considérable, le plus terrible de tous.

Alpha et oméga

Le trajet a duré plus longtemps que prévu. J'ai raté le petit avion dans lequel j'étais supposé embarquer pour survoler la Patagonie chilienne que je souhaitais voir depuis le hublot d'un engin volant. Je m'assieds à la table d'un café tout en rondins et parle avec un homme qui possède un grand domaine viticole près de Santiago. Il me laisse sa carte de visite : Felipe de Solminihac. Je connais déjà ce patronyme, depuis mon passage à Puerto Montt. L'histoire de cette famille d'aristocrates bretons qui ont fui la France à la Révolution française pour échapper à l'échafaud m'a été racontée au début de mon voyage. Et voilà qu'en fin de voyage, je retrouve les huîtres de Belon et les vins de Bordeaux. C'est une fantaisie de voyageur. Il faut probablement y voir un signe envoyé par ce sacré Hermès, le dieu grec des voyageurs, mais aussi celui des marchands et des voleurs. J'ai voyagé, je n'ai rien marchandé, mais j'ai volé du temps au temps et j'ai évité toute somnolence. Dans la tradition gnostique, Hermès est par excellence l'Eveillé. Homère ne lui attribue-t-il pas déjà le pouvoir « de réveiller, de sa baguette d'or, les yeux de ceux qui dorment ». Le temps me rappelle à l'ordre par des signes savoureux comme ceux-là. L'évocation dans ce bistrot de Villa O'Higgins des huîtres de Belon et du vin de Bordeaux sonne comme l'heure du retour.

C'est l'alpha et l'oméga, l'alpha contenu dans l'oméga, le commencement dans la fin, à l'image de ce monde de la pluie, du vent et de la glace, dont le prologue ne se distingue guère de l'épilogue : une éternité sans cesse recommencée. Le temps qui tourne autour de sa queue. La pluie australe qui m'a hypnotisé pendant si longtemps doit maintenant me ramener à la raison. Il est temps de me mettre au sec. Pour sortir de cette possession, il me suffit peut-être d'un geste banal et insignifiant. Par exemple : boire un verre de vin d'une marque connue à une heure connue, mais avec un inconnu rencontré dans un lieu tout aussi inconnu. Mes raisons de mettre un point final au voyage sur la Carretera Austral sont donc abracadabrantesques. Le mot sorcier ne ressemble-il pas à sourcier ? Je parviens quand même à me désenvoûter, quand et où, je ne m'en souviens plus. J'ai traversé ce que je désirais traverser. Le voyage m'a beaucoup fait et m'a bien défait, pour reprendre cette belle formule de Nicolas Bouvier, et la pluie m'a contrefait. Ai-je atteint ce que mon cœur désire ? Je garderais cette question en suspens parce que j'aime le secret et le mystère. J'ai traversé l'ancienne *terra incognita* que le cartographe de Fernand de Magellan avait aperçue un jour de l'hiver 1520 du pont de la caravelle *Victoria*. Il avait écrit à la plume sur sa carte parcheminée : Terres de Décembre. Et décembre n'est-il pas le mois de la fin ?

BIBLIOGRAPHIE

ARAYA, Baldo : professeur et journaliste à Coyhaique, il a écrit plusieurs livres fondamentaux dont *Aysen,* essentiels pour la connaissance de la Patagonie chilienne et en particulier de la province d'Aisén.

AYSEN, TRAPANANDA : revues éditées à Coyhaique par le professeur Baldo Araya.

BERGREEN, Laurence, *Par-delà le bord du monde. L'extraordinaire et terrifiant périple de Magellan,* Editions Grasset, 2003.

BERNAND, Carmen et GRUZINSKI, Serge, *Histoire du Nouveau Monde,* tome I : De la découverte à la conquête, une expérience européenne, 1492-1550 ; tome II : Les Métissages, 1550-1640, Editions Fayard, 1993.

BOURSEILLER, Philippe et CHAIX, Jean-François, *Gauchos de Patagonie,* Editions de la Martinière, 2003.

BURGH, James et AZOULAI, Martine, *La Cité des Césars, une utopie en Patagonie,* Editions UTZ (collection UNESCO), 1997.

CALONNE, Marc-Antoine, *Patagonie. Visions d'un Caballero,* Editions Transboréal, 2006

CHATWIN, Bruce, *En Patagonie,* Editions Grasset, 1979 ; *Retour en Patagonie,* co-écrit avec Paul Theroux, Editions de l'Olivier, 1993.

CLOT, Christian, *Ultima cordillera. La dernière terre inconnue,* Editions Arthaud, 2007.

COLOANE, Francisco, *Le Passant du bout du monde,* Editions Phébus, 2000 ; *Tierra del Fuego* (nouvelles), Phébus, 1994 ; *Cap Horn* (nouvelles), Phébus, 1994 ; *El Guanaco* (roman), Phébus, 1994 ; *Le Dernier mousse* (roman), Phébus, 1996 ; *Le Golfe des Peines* (nouvelles), Phébus, 1997 ; *Le Sillage de la baleine* (roman), Phébus, 1998 ; *Antartida* (roman), Phébus, 1999 ; *Naufrages* (nouvelles), Phébus, 2002.

DARWIN, Charles, *Voyage d'un naturaliste autour du monde fait à bord du navire le Beagle de 1831 à 1836,* Littérature et Voyages, Editions La Découverte, 2003.

ERCILLA Y ZUNEGA, Alonso de, *La Araucana : le cycle de Lautaro,* Editions UTZ (collection UNESCO), 1993.

EVANS, Clery A, *John Daniel Evans « El Molinero », una historia entre Gales y la colonia 16 de Octubre,* Buenos Aires, à compte d'auteur, 1994.

EYZAGUIRRE, Jaime, *Breve historia de las fronteras de Chile,* Santiago du Chili, Editorial Universitaria, 1967.

GAVIRATI, Marcelo, *Buscados en la Patagonia (Butch, Sundance, Ethel, Wilson, Evans),* Editorial La Bitacora, 1999.

GIMENEZ HUTTON, Adrian, *La Patagonia de Chatwin,* Buenos Aires, Editorial Sudamericana, 1998.

GONZALEZ OCHOA, Jose Maria, *Quién es quién en la América del Descubrimiento (1492-1600),* Madrid, Acento Editorial, 2003.

GRENIER, Philippe, *Des Tyrannosaures dans le paradis. La ruée des transnationales sur la Patagonie chilienne,* Librairie l'Atalante, 2003.

GUINNARD, Auguste, HYADES, Paul, de la VAUX, Henry

et NORDENSKJÖLD, Otto (préface de Jean Raspail), *Fous de Patagonie. Quatre découvreurs du bout du monde, 1856-1897,* Editions des Riaux, 2006.

HAON, Hervé, *Patagonie : A la poursuite du vent, du désert d'Atacama à la Terre de Feu,* Editions Anako, 2003.

GROSSE, Juan Augusto, *Expediciones en la Patagonia Occidental hacia la Carretera Austral,* Santiago du Chili, Editorial Andres Bello, 1990.

HUDSON, William-Henry, *Un flâneur en Patagonie,* introduction de Michel Le Bris, Petite Bibliothèque Payot/Voyageurs, Editions Payot & Rivages, 1994.

KORGANOW, Grégoire, *Patagonie, Histoires du bout du monde,* préface de Michel Le Bris, Editions Solar, 2004.

LAMING-EMPERAIRE, Annette, *Tout au bout du monde avec les hommes et les bêtes de Patagonie,* Editions Amyot Dumont, 1954.

LARBIN, Mario, *Rio Tranquilo, Histoires de Patagonie,* Editions l'Harmattan, 2004.

MAHUZIER, Alain et Sylvain, *Magellanie-Patagonie-Terre de Feu : voyage dans le grand Sud,* Editions Vigot, 2006.

MANNS, Patricio, *Cavalier seul,* Editions Phoebus, 1999 ; *Quatre saisons en Patagonie,* Editions Gallimard, 2004.

NERUDA, Pablo, *J'avoue que j'ai vécu,* Editions Gallimard, 1975.

OVALLE, Alonso de, *Historica relacion del reino de Chile,* Santiago, Editorial Universitaria, 1978.

PIGAFETTA, Antonio, *Le Premier tour du monde de Magellan,* introduction, postface et notes par Léonce Peillard de l'Académie de Marine, collecion In-Texte, Editions Tallandier, 1991; *Le Voyage de Magellan (1519-1522) - La rela-*

tioon d'Antonio Pigafetta et autres témoignages, préface de Carmen Bernand et Xavier de Castro, 2 vol., Editions Chandeigne, 2007.
RASPAIL, Jean, *Moi, Antoine de Tounens, roi de Patagonie,* Editions Albin Michel, 1981 ; *Adios, Tierra del Fuego,* Editions Albin Michel, 2005.
REDDING, Nick, *Patagonie, les derniers Gauchos,* Editions Albin Michel, 2005.
ROJAS, Manuel, *La Cuidad de los Cesares,* Santiago du Chili, Editorial Zig Zag, 1982.
SEPULVEDA, Luis, *Le Neveu d'Amérique,* Editions Métailié, 1996 ; *Le monde du bout du monde,* Editions Métailié, 1993.
STEFFEN, Hans, *Informe preliminar sobre la espedicion esploradora del rio Aisen (diciembre 1896 - abril 1897),* Santiago, 1897 ; *Memoria general sobre la espedicion esploradora del rio Palena (diciembre 1893-marzo 1894),* Santiago, 1894 ; *Informe sumario acerca del trascurso resultados del rio Cisnes,* Santiago, 1898.
THEROUX, Paul, *Patagonie Express,* Editions Grasset, 1988.
VERNE, Jules, *Le Phare du bout du Monde,* Folio, Editions Gallimard, 2004.
ZWEIG, Stefan, *Magellan,* Editions Bernard Grasset, 1938.

TABLE DES MATIÈRES

REMERCIEMENTS DE L'AUTEUR

Je rends d'abord hommage aux habitants de la Patagonie chilienne et argentine, qui m'ont reçu avec humanité et générosité. Toute ma gratitude va ensuite aux *Guides du routard,* à son directeur, Philippe Gloaguen, qui m'a permis de faire de ma passion un métier, et à Pierre Josse, son rédacteur-en-chef, sans qui je n'aurais pas connu Bernard Pouchèle. Ecrivain de grand talent, remarquable vagabond devant l'Eternel, Bernard a lu avec cœur et corrigé avec soin mon récit (avec l'aide de Danielle Hérouin) pour les Editions Lucien Souny.

J'adresse un grand salut filial à mon père Alain Page qui m'a fait connaître Jean-François Coatmeur, auteur de romans policiers, qui a aimé mon récit et m'a dit : « Ce livre doit être publié avec ce beau titre. » Je dois aussi certainement beaucoup à Michel Le Bris, Finistérien comme moi, écrivain voyageur, et directeur du festival *Etonnants Voyageurs* de Saint-Malo. Il m'a encouragé depuis le début à écrire ce livre. Mon vieil ami Xavier Péron a fait souffler au moment propice l'esprit Maasai de la *Nouvelle Terre* sur la vieille terre patagone. J'en sens encore les bienfaits.

A toutes celles et tous ceux qui m'ont permis de mener à bien ce long voyage : mon clan familial (trop vaste pour que je les nomme tous), mes amis, Philippe Merien, Andrès « Titi »

Gana, Elisa et Jaime Mc Manus Menuel, Yvon Le Bot, Nicolas Chalumeau, Jean-Pierre Dromard, Didier Farmache, Marcelino Truong. Et pardon à ceux que j'aurais oubliés.

Toute ma reconnaissance au docteur Pedro Bendetowicz qui connait l'alpha et l'oméga.

Achevé d'imprimer par

CPI

Imprimerie France QUERCY
46090 Mercuès

N° d'impression : 72252
Dépôt légal : septembre 2007

Imprimé en France